Regine Zopf

Die Vollendung

Eine Erzählung über die Engel auf Erden

Weltenhüter Verlag
Ralph Peters

1. Auflage Mai 1998

Satz: Ralph Peters
Druck: Clausen & Bosse, Leck
Umschlaggestaltung: Regine Zopf und Ralph Peters
Umschlagbild: Regine Zopf

Weltenhüter Verlag Ralph Peters, Marwede

ISBN 3-929681-06-4

Regine Zopf

Die Vollendung

Zu der Autorin

Regine Zopf, Jahrgang 1955, studierte Sozialpädagogik und absolvierte viele Selbsterfahrungs- und Meditationsgruppen, bis sie schließlich 1988 ihre medialen Fähigkeiten entdeckte. Seitdem steht sie mit der Wesenheit "Sameen Al Hoskia Ra" aus der Gruppe "der Weltenhüter", die Teil des Engelreiches ist, in Verbindung. Bisher sind bereits vier Bücher entstanden, die von Sameen und den Weltenhütern in medialen Sitzungen von Regine Zopf durchgegeben wurden. Dies ist das fünfte Buch.
Regine Zopf ist außerdem Seminarleiterin für transformierende Bewußtseinsarbeit, Reiki-Lehrerin und Künstlerin.

Inhalt

Im Reich der Engel

Auf der Erde

Im Reich der Engel

Der Aufruf und die erste Phase

Geliebte Freunde, unsere Geschichte beginnt an einem Ort, der weit entfernt ist von eurer Wirklichkeit. Dieser Ort ist kein fester Platz, wie euer wunderschöner Planet die Erde, sondern er ist eher eine Ebene lichtvollen, fließenden Bewußtseins. Ja, wir beginnen unsere Geschichte im Reich der Engel, das ein Spektrum vieler Bewußtseinsebenen beinhaltet und doch insgesamt geprägt ist von Liebe, von Dienen, von Entfaltung hin zu immer größerem Lichtbewußtsein.

Stellt euch diese Ebene fließend und leicht vor und nicht fest und starr. Sie ist mit dem Bild einer aufgehenden Sonne zu vergleichen, die sanft über ein weites Tal erstrahlt und der sich alle Lebewesen voller Freude entgegenstrecken. Engel sind also leichte, fließende Bewußtseinswesen, die ihre unterschiedlichen Aufgaben voller Hingabe erfüllen. Sie alle sind sich über die Existenz einer noch höheren Kraft, deren Diener sie sind, bewußt. Sie fühlen sich als die Kinder dieser alles enthaltenden Kraft – der Ur-Sonne – in deren direktem Dienst sie stehen. Engel tragen somit ein Gefühl großen Eingebettetseins und großer Geborgenheit in sich. Sie leben im beständigen Bewußtsein, Teil des Großen-Ganzen zu sein, egal welcher Entwicklungsstufe sie angehören. Eine Aufgabe für das Große-Ganze zu übernehmen und ihm zu dienen, ist ihre Freude und Verwirklichung. Diese Wesen stehen im ständigen Austausch miteinander, wenigstens innerhalb einer bestimmten Ebene von Engelbewußtsein, doch sie sprechen nicht miteinander, so wie ihr eure Sprache benutzt, um etwas auszudrücken. Wenn Engel miteinander kommunizieren ist das ein ekstatischer Austausch ihrer gesamten Energie. Wir wollen dies anhand eines Beispiels aus eurem Leben veranschaulichen. Ihr benutzt eure Sprache oft sehr unbewußt und eindimensional. Ebenso mißbraucht ihr oft eure Sprache, indem ihr etwas sagt, was ihr gar nicht wirklich fühlt oder denkt, nur um dem anderen einen Gefallen zu tun, oder um besser vor dem anderen zu erscheinen. Für Engel ist dies nicht möglich, und ihre Kommunikation untereinander ist immer bewußt. Wie könnte es auch anders sein, leben sie doch in einem konstanten Zustand von Bewußtheit!

Im Reich der Engel gibt es viele unterschiedliche Aufgaben, die hauptsächlich vom Grad der Reife eines Engels bestimmt werden, zu erfüllen. Wir können es auch anders ausdrücken: Der Grad der inneren Entwicklung hin zu immer größerem Lichtbewußtsein bestimmt die Aufgabe und den Dienst, den ein Engel am Großen-Ganzen zu erfüllen hat. Diese Aufgaben sind grob zu unterteilen in Kanalisieren von Energie, in Lenken und Leiten von Energie und in Verteilen von Energie. Man kann diese Aufgaben auch kurz auf folgende Art beschreiben: einfach nur anwesend sein, aktiv zielgerichtet beeinflussen und "aktiv passiv" sein!

Aber wir wollen nicht zu sehr ins Detail gehen, liebe Leser, sondern wir wollten euch zunächst diese Ebene, von der aus wir unsere Geschichte beginnen, etwas näherbringen. Überall im physischen Universum sind Engel anwesend und steuern das Geschehen, manchmal eben auch "passiv". Unsere Geschichte beginnt also irgendwo im Universum, man kann sagen, weit entfernt von eurem Planeten Erde und noch dazu in einer nicht physisch festen Bewußtseinsebene – der Engelebene.

Wir kennen die Schwierigkeiten vor denen ihr steht, wenn ihr euch eine Ebene vorstellen sollt, die erstens nicht physisch ist und die zweitens geprägt ist von Liebe, von fließendem Bewußtsein, frei von Eigennutz und ganz im Dienst einer größeren, höheren, liebenden Macht steht. Diesen Zustand könntet ihr mit eurem Ausspruch umschreiben: "Das muß wie der Himmel auf Erden sein."

All die beschriebenen Eigenschaften der Engel könnt auch ihr immer mehr auf der Erde, auf diesem geduldigen Planeten, verkörpern, obwohl ihr einen physisch festen Körper habt. Es steht in eurer Macht, ein Bewußtsein, das geprägt ist von allumfassender Liebe, von freifließender Energie, vom Kennen und Erfahren einer höheren, alles umfassenden, liebenden Kraft zu entwickeln – ihr müßt es nur wollen, ihr müßt dies nur erkennen.

Vielleicht kann euch unsere Geschichte hierbei helfen, und das ist auch der Hauptgrund, warum wir sie euch erzählen. Seht uns als eine Gruppe alter weiser Männer an, die ihren jungen Enkeln eine wichtige Lebensgeschichte erzählen. Seht uns als einen alten väterlichen Freund an, der nur das Beste für euch und eure Entwicklung im Sinne hat. Wir sind ein Rat weiser Wesen, Äonen alt, voller Erfahrung, Dankbarkeit und Liebe, die all dies teilen, die ihre Liebe verströmen und gezielt an Wesen weiterleiten möchten, die offen und bereit dafür sind.

Das Engelreich ist also ein offener, freifließender Raum, der aber auch klar gegliedert ist, da es verschiedene Engelbewußtseinsstufen gibt, zu denen jeweils unterschiedliche Aufgaben gehören. Ab und zu kommt es vor, daß "Sonderaufgaben" anfallen, die Expeditionen für altgediente, bewährte Engel einer bestimmten Entwicklungsstufe sind. Diese Sonderaufgaben werden immer vom Rat der Meister, die die direkten Stellvertreter unserer aller Mutter, der Ur-Sonne, sind, entschieden und verkündet. Für jede Bewußtseinsstufe gibt es diese Aufgaben, aber erst ab einer entsprechend hohen Stufe bekommen die Engel sie direkt von den Meistern der Ur-Sonne angeboten.

Die eigentliche Geschichte beginnt damit, daß es wieder einmal soweit war und daß der Ruf der Meister der Ur-Sonne erschallte, diesmal für die Engelschar der Entwicklungsstufe sieben aus dem Quadranten Barilius. Die Meister der Ur-Sonne verkündeten die Aufgabe:

Ein neuer Planet hat sich
dazu entschlossen,
die Mutter für ein
junges Bewußtsein zu werden.
Er ist soweit entwickelt,
daß mit der Vorbereitung durch uns
begonnen werden kann.

Für diese Aufgabe
brauchen wir eure
höchste Energie und Kraft.
Wir können keine Engel
der Stufe eins oder zwei senden,
denn sie könnten diese Aufgabe
nicht in umfassendem Maße erfüllen,
da sie sich in der Anstrengung
und Ablenkung verlieren würden.

Wir brauchen eure
Weisheit, Energie und Kraft
und Abgesandte aus jedem Bereich.

Wir benötigen die
Ruhe und Kraft der Kanalisierungs-Engel,
die vorwärtstreibende Energie
der Lenkungs-Engel und
die verströmende Liebe
der Verteilungs-Engel.

Ihr werdet also gebraucht,
geliebte Engelkinder
der siebten Bewußtseinsstufe.
Aber ihr wißt,
daß diese Mission freiwillig ist.
Es ist ein Angebot
an diejenigen unter euch,
die sich fähig fühlen,
diese großen und anstrengenden
Aufgaben zu erfüllen.
Es ist ein Dienst an einem
ganz jungen Bewußtsein,
das von dem euren
weit entfernt ist und
das diesen Planeten besiedeln wird.
Die Aufgabe ist also freiwillig
und nur für diejenigen,
die sich dazu berufen fühlen.
Die anderen können ansonsten
friedlich wieder zu ihren bisherigen
Aufgaben zurückkehren.

Für diejenigen unter euch,
die sich angesprochen fühlen,
möchten wir noch sagen:

Überprüft euch genau,
ob ihr zu dieser Aufgabe
wirklich bereit seid.
Überprüft euch und
entscheidet erst dann.

So sprachen die Meister der Ur-Sonne zu den Engeln der siebten Entwicklungsstufe aus dem Quadranten Barilius, und eine große Schar aus jedem Bereich meldete sich. Sie alle waren voller Freude und Dankbarkeit, für diese Aufgabe auserkoren zu sein. Die Meister der Ur-Sonne fuhren fort:

Nun, wenn die Entscheidung
gefallen ist, geliebte Kinder,
wollen wir euch über den Planeten,
die Aufgabe und die Besiedelung
mehr erzählen.
Der Planet ist zwar noch jung,
aber doch schon bereit,
Leben zu tragen.
Er stellt sich zur Verfügung,
eine Ziehmutter
für Bewußtseinsfunken zu werden.
Insgesamt ist er soweit entwickelt,
daß er mit eurer Hilfe
in einen Zustand eingehen kann,
der die Grundlage für das Überleben
einer physischen Form
von Bewußtseinsfunken bietet.

Eure Aufgabe ist es zunächst,
den Planeten in seiner

Frequenz zu stabilisieren.
Hierzu werden besonders
die Kanalisierungs-Engel benötigt.
Danach wird die Phase kommen,
in der die Lenkungs-Engel
eure gesamte Energie gezielt
in verschiedene Bereiche
der Planetenkugel ziehen müssen.
Anschließend werden die
Engel der verströmenden Kraft
eure gesamte Liebe
dem Planeten schenken,
als Dank für seine große,
unendliche Güte,
daß er das Schicksal auf sich nimmt,
die Heimat für Bewußtseinsfunken zu werden.

Nach dieser Periode beginnt
die etwas schwierigere Aufgabe
für euch und auch
das große Experiment.
Bisher habt ihr
immer aufopferungsvoll
innerhalb eures Bereiches gedient
und Großes geleistet.
Auf dieser Expedition wird euch
aber noch Größeres abverlangt werden,
denn ihr alle werdet die
Qualitäten der drei Bereiche
in euch vereinen müssen.
Seid also sehr aufmerksam,
wenn die einzelnen Engel

ihre Aufgaben erledigen,
denn anschließend müßt ihr
alle drei Qualitäten einsetzen können,
da jeder für sich alleine dienen wird.
Bisher habt ihr eure Aufgaben
gemeinsam im Bewußtsein der
allumfassenden Verbundenheit vollbracht,
und doch konnte jeder von euch
eine spezielle Qualität
vollkommen verkörpern.
In der zweiten Phase muß aber
jeder von euch alle drei
Qualitäten anwenden.

Es wird Zeiten geben,
in denen ihr vollkommen
allein sein werdet.
Wir wissen,
dies ist euch jetzt fremd,
da ihr euch darüber bewußt seid,
daß es eine Illusion ist,
zu glauben, alleine zu sein.
Doch in dieser Phase wird
es euch so vorkommen.
Auch dann werdet ihr freudig
euren Dienst tun,
immer bewußt über
die große Aufgabe,
eine Heimat für ein neues
Bewußtsein zu erschaffen.
Geliebte Kinder,
bis hierhin können wir

euch eure Aufgabe erklären.
Sind diese zwei Perioden vollendet,
erhaltet ihr weitere
Anleitung von unserer Seite.
Für euren Mut und eure Liebe
für diesen jungen Planeten
und seine zukünftigen Bewohner
ehren und segnen wir euch.
Wir werden immer
mit euch sein
und mit gütigen
und liebenden Augen
euren Weg beleuchten.
Der Segen aller Meister der Ur-Sonne
sei mit euch.

Nach diesen Worten verströmten die Meister der Ur-Sonne ihre Liebe über die Schar der anwesenden Engel.

Wir wollen euch, liebe Leser, noch einmal daran erinnern, daß im Engelreich ja nicht gesprochen wird, so wie ihr es tut. Die gesamte Anleitung der Meister der Ur-Sonne geschah, ohne daß ein einziges Wort ausgesprochen wurde, ohne daß die unendliche Stille des Großen-Ganzen gestört wurde. Die Kommunikation zwischen den Meistern der Ur-Sonne und den Engeln der siebten Entwicklungsstufe des Quadranten Barilius geschah direkt, wie z.B. auf eurer Ebene mentale Gedankenübertragung stattfindet. In unserer Geschichte müssen wir jedoch gewisse Geschehnisse mit euren Umgangsweisen beschreiben, damit ihr sie verstehen könnt. Doch wir wollten trotzdem noch einmal erwähnen, daß im Reich der Engel gewisse Prozesse, wie z.B. Kommunikation, anders als bei euch vor sich gehen.

Zurück zu unserer Geschichte. Nach diesem Geschenk der Liebe durchströmte die Engelschar große Ruhe, Weitsicht und Gelassenheit (dies sind wiederum alles menschliche Begriffe, doch sie beschreiben in etwa das, was in den Engeln vor sich ging). Tiefe Stille legte sich über sie, und nichts, rein gar nichts, erschien ihnen in diesem Augenblick unmöglich. Keine Aufgabe kam ihnen unlösbar vor, und das kommende Experiment sahen sie für sich als eine Chance an, dem Zustand der Größe und Hingabe, den die Meister der Ur-Sonne verkörperten, einen Schritt näherzukommen. Ihr müßt verstehen, liebe Leser, welche Rolle die Meister der Ur-Sonne für das gesamte Engelreich spielen. Sie verkörpern für alle den höchsten Grad des Lichtbewußtseins. Von der Bewußtseinsebene eines Meisters der Ur-Sonne ist es "nur noch" ein kleiner Schritt bis zur vollständigen Verschmelzung mit dem Lichtbewußtsein selbst, mit dem höchsten Grad von Bewußtsein, aus dem alles entsteht und mit dem letztendlich alles wieder verschmilzt – der Ur-Sonne. Ja, die Meister der Ur-Sonne stehen mit ihr in vollkommenem Kontakt und sind zu vielen Zeiten bereits mit ihr verschmolzen.

Aus diesem direkten Kontakt schöpfen sie die Kraft, Liebe und Weitsicht, das gesamte Engelreich anleiten und die Harmonie und das Gleichgewicht des physischen Universums überwachen zu können. Ihre Aufgabe ist es, die Vermittler zwischen dem höchsten Bewußtsein und dem Großen-Ganzen zu sein. Natürlich haben die Meister bei dieser Aufgabe unendlich viele Helfer, die ihre Anweisungen in alle Ebenen des Engelreiches weitersenden. Die Meister der Ur-Sonne arbeiten oder kommunizieren also nicht direkt mit Engeln der ersten oder zweiten Entwicklungsstufe, sondern sie haben dafür ihre Abgesandten und Lehrer, die wiederum einer bestimmten Entwicklungsstufe angehören. Jede Entwicklungsstufe hat einen Engel, der innerhalb dieser Ebene die höchste Vollkommenheit verkörpert und der als ihr oberster Lehrer gilt. Ab der siebten Entwicklungsstufe bekommt dieser seine Anweisungen direkt von den Meistern der Ur-Sonne.

Auch der Engel-Lehrer der siebten Entwicklungsstufe stellte sich für diese Sonderaufgabe bereit, obwohl er nur noch seinen Dienst als Lehrer hätte beenden müssen und dann in die achte Entwicklungsstufe übergegangen wäre, um von dort aus zu dienen. Trotz dieser Möglichkeit, über die er sich vollkommen bewußt war, meldete er sich, vor allem aus Liebe für die ihm anvertrauten Engel, für diese Sonderaktion. Große Liebe, Güte und Uneigennutz zeichneten ihn aus. Er war in jeder Hinsicht ein herausragender Lehrer, der voller Hingabe die ihm zugedachte Aufgabe erfüllte.

Nachdem die Engel der siebten Entwicklungsstufe die Liebe der Meister der Ur-Sonne absorbiert hatten, wandten sie sich einander zu und fokussierten sich unter Anleitung ihres Engel-Lehrers auf das Ausgangsobjekt ihrer Expedition, das, nun ihr werdet es vielleicht erahnen, euer Planet die Erde war. Die reine Fokussierung auf den Planeten, unter Bündelung ihrer gemeinsamen Energie, brachte sie direkt an diesen Ort im Universum.

Die Erde "wußte" bereits, daß sie Hilfe bei ihrer Transformation hin zu einem Wachstumsplaneten bekommen würde. Die Planeten sind keine leblosen, unbewußten Gesteinskugeln, sondern sie sind physische Bewußtseinsformen, wie auch ihr es mit all euren höheren Anteilen, euren Gefühlen, Gedanken oder Visionen seid. Sie leben nur nach etwas anderen Gesetzen und in anderen Rhythmen als ihr.

Aber sie sind lebendig, fühlend und bewußt. Die Erde war zu der Zeit, als die Engel in ihrer Atmosphäre ankamen, noch sehr jung und man kann sagen, hitzig. Vielerlei Explosionen unterschiedlichster Gase fanden auf und in ihr statt. In diesem Zustand bot sie noch nicht die Möglichkeit für das Überleben einer physischen Bewußtseinsform. Aber sie war bereit und willens, Leben zu tragen, und die Engel boten ihre Unterstützung an, ihr dabei zunächst einmal rein physisch zu helfen. Der Ausgangspunkt für eine Zusammenarbeit zwischen der Erde, also einem physischen Planeten, und einer Engelschar, also reinen Bewußtseinswesen, noch dazu der siebten Stufe, war erreicht. Klingt dies nicht phantastisch in euren Ohren? Die Erde war somit bereits damals würdig genug für die Unterstützung durch das Engelreich der siebten Entwicklungsstufe gewesen. Ihre Bereitschaft, für Bewußtseinsfunken Heimat und Ausgangspunkt zu sein, hatte sie auf eine höhere Entwicklungsstufe innerhalb des Reiches und der Hierarchie der Planeten gehoben.

Verinnerlicht das einmal, liebe Leser, laßt dies in euch wirken. Fühlt die Erde, diesen Planeten des Mitgefühls, der Liebe und des Großmuts! Sie pulsiert, sie lebt, sie ist wach in jeder Sekunde eures Lebens. Sie trägt und ernährt euch. Sie bietet euch seit langer Zeit ein Feld für eure Erfahrungen und für euer Wachstum. Sie ist eure Heimat, euer Heim, von dem aus ihr Expeditionen in euer Bewußtsein starten könnt.

Sofort nach ihrer Ankunft begannen die Engel, ihre Aufgaben zu erfüllen. Zunächst wurde ihre gesamte gebündelte Energie von den Kanalisierungs-Engeln in die Atmosphäre rund um die Erde geleitet. Dies hatte auf sie enorme Auswirkungen, und ein gigantisches Schauspiel entwickelte sich daraus, das in etwa mit dem zu vergleichen ist, was geschieht, wenn Wasser über ein loderndes Feuer geschüttet wird. In anderen Worten ausgedrückt bedeutete die Energiezufuhr durch die Engel in die Atmosphäre der Erde, daß diese "abkühlte", nur nicht so schnell und abrupt, wie in dem vorangegangenen Beispiel. Die Abkühlung ging langsam und schrittweise voran und dauerte mehrere tausend Jahre. Während der ganzen Zeit blieben die Engel in der Nähe der Erde und überwachten das Geschehen.

Als diese Phase zur Zufriedenheit abgeschlossen war, konnten die Lenkungs-Engel mit ihrer Tätigkeit beginnen. Nach und nach leiteten sie die gesamte Energie aller anwesenden Engel in bestimmte Bereiche der Erde, vor allem aber in das Mineralienreich. Mineralien mit großer Speicherkapazität wurden von ihnen mit Energie aufgeladen. Diese gespeicherte Energie konnte dann im Laufe der zukünftigen Geschichte der Erde langsam und in kleinen Mengen entweichen. Aber auch in ganz bestimmte Orte und Plätze der Erde wurde Engelenergie hineingeleitet. So entstanden mit der Zeit Zentren der Kraft und des Lichts. Natürlich suchten die Engel solche Plätze auf der Erde aus, die für diese bereits wichtige Schnittpunkte der Energieaufnahme waren. Durch die Zufuhr der Engelenergie stabilisierten sich diese wichtigen Punkte in so umfassendem Maße, daß sie von da an wie Leuchtsäulen das Gleichgewicht der Erdkugel gewährleisteten.

Wieder möchten wir euch ein Bild zur Veranschaulichung geben. Die Energetisierung bestimmter Schnittpunkte der Erde könnt ihr mit dem Entzünden einer Fackel vergleichen. Doch das eigentliche Geschehen ging noch weit darüber hinaus. Die Aktivierung dieser wichtigen Punkte bewirkte, daß sie sich in der Atmosphäre rein energetisch miteinander verbanden, wodurch ein Gitternetz entstand, das im Grunde erst das Gleichgewicht der Erde gewährleistete. Auch heute sind diese Energiepunkte noch aktiv, obwohl sie sich seit damals verschoben oder verändert haben. Es war damals ein gewaltiges Geschehen, als sich alle Energiepunkte der Erde miteinander vermählten. Die Erde bekam dadurch ihren letztendlichen Schliff und ihren endgültigen Platz innerhalb des Sonnensystems.

Zwei Aufgaben der ersten Phase waren also bereits erfüllt: Erstens die Kanalisierung der Engelenergie in die Erdatmosphäre hinein und die anschließende Überwachung der Abkühlung der Erdkugel; zweitens die Energetisierung der wichtigen Schnittpunkte der Erde, wodurch sich das Gleichgewichtsgitternetz bildete, und das Aufladen vieler Erdschichten, die die Präsenz von Engelenergie über die Jahrtausende hinweg gewährleisten sollten. Auch die zweite Aufgabe dauerte in eurer Zeitrechnung tausende Jahre, für die Engel allerdings nur einen Augenblick. Das Erleben von Zeit innerhalb ihrer Ebenen ist also vollkommen anders.

Nun konnten die Verströmungs-Engel in Aktion treten. Sie verteilten die Liebe aller Engel für den Planeten Erde in seiner Atmosphäre. Gleichmäßig wurde jeder Ort mit Liebe durchströmt, kein einziger wurde ausgelassen. Für den Planeten war dies wie ein endgültiges Erweckungslied. Die Erde wurde fruchtbar und Liebe war ihr Dünger. Auf der Erdoberfläche begann alles zu sprießen, und unendliche Fülle breitete sich auf ihr aus. Das, was bisher noch im Verborgenen gewesen war, reckte sich nun der Sonne entgegen und wollte sich entfalten. In dieser Zeit brachten die Engel mit ihrem Gesang der Liebe die Erde zum Erblühen.

Auch die Menschen könnten dies wieder vollbringen!

Die Erde hatte nun all das, was sie benötigte: Stabilität, Gleichgewicht, Fruchtbarkeit. Alles war wunderbar vorbereitet, und wie ihr so schön sagt: "Der Acker war bestellt." Die Engel waren zufrieden und stolz auf das Ergebnis. Sie brachten dem Planeten ihren gesamten Respekt und ihre Ehrerbietung für seine so erfolgreich abgelaufene Transformation entgegen.

Für die Erde hatte sich in dieser Phase eine vollkommene Veränderung vollzogen. Alles hatte sich für sie geändert. Am Ausgangspunkt ihrer Entwicklung war sie ein junger Heißsporn gewesen. Nun war sie eine blühende Frau, ein strahlender fruchtbarer Planet, eine funkelnde blaue Perle im Universum! Diese enorme Veränderung hatte sich natürlich auf das gesamte Sonnensystem, in dem sich die Erde befindet, ausgewirkt. Insgesamt war es durch die Entstehung des Energiegitternetzes und vor allem durch den "Ruck", der die Erde in ihre endgültige Lage gebracht hatte, stabiler geworden. Dieser Ruck war auch durch das Sonnensystem gefahren und hatte dort stabilisierende Veränderungen bewirkt, was als Ausgleich zum damals bereits bestehenden Asteroidengürtel sehr wichtig war. Ebenso war natürlich die Welle der Liebe, die die Engel über und durch die Erde gesandt hatten, in das Sonnensystem weitergeleitet worden. Von dieser Zeit an war die Erde als "der blaue Gefährte der Liebe" im Universum bekannt. Liebe war für ihn nun der entscheidende Faktor des Wachstums und sollte auch für seine zukünftigen Bewußtseinsfunken ein wichtiges Entwicklungsziel werden.

Während dieser Phasen herrschte eine beständige Kommunikation zwischen den Engeln und der Erde. Es ist fast überflüssig zu erwähnen, daß dieser Austausch natürlich auch zwischen den Engeln stattfand. Die Erde war sich über alle drei Transformationsphasen, die die Engel eingeleitet hatten, immer vollkommen bewußt gewesen, und sie hatte sich ihnen mit großer Freude und Demut hingegeben. Es hatte kein Murren, kein Aufbäumen gegen all die Veränderungen gegeben. In ihr war nur Hingabe, die man mit dem Satz beschreiben könnte: "Ja, was immer mit mir geschehen muß, soll geschehen." Aus dieser uneingeschränkten Haltung heraus, konnte sich die gewaltige Veränderung ohne Komplikationen vollziehen. Welch eine enorme Leistung von der Erde, vom blauen Gefährten der Liebe!

Wie schon gesagt, die Engel waren voller Respekt, Ehrerbietung und Liebe für diesen Planeten. Zwischen vielen Engeln und der Erde entwickelte sich ein starkes Band der Verbundenheit. Und natürlich war die Dankbarkeit der Erde den Engeln gegenüber überfließend, überströmend. Dies wiederum verstärkte das Band, das geflochten war aus Liebe, Respekt und Ehrerbietung, zwischen der Erde und den Engeln.

Der blaue Planet funkelte also im Universum wie ein frisch geschliffener Diamant. Er war bereit für seine neue Aufgabe. Während seiner Transformationsphase hatte es sich bereits im Universum "herumgesprochen", daß ein neuer Planet für die Besiedelung von Bewußtseinsfunken entstehen würde. Bewußtseinsfunken mit dem Willen und dem Wunsch zur Verkörperung und zur Entfaltung wurden unweigerlich von der immer stärker ausstrahlenden Energie der Erde angezogen. Ihre Energie, die weit ins Universum ausströmte, war wie eine eurer Radiowellen, die Botschaften versenden und die die Bewußtseinsfunken, die sich von ihr angezogen fühlten, einluden, sich auf ihr niederzulassen. Mehr und mehr Bewußtseinsfunken versammelten sich in Scharen um die Erde herum und warteten geduldig auf die Möglichkeit, eine physische Form auf dem Planeten annehmen zu können.

Doch zu eurem Verständnis, liebe Leser, wollen wir kurz erklären, was unter einem Bewußtseinsfunken zu verstehen ist. Ein Bewußtseinsfunke ist wie ein kleines Samenkorn, in dem alle Anlagen und Möglichkeiten einer wunderschönen Pflanze enthalten sind. Genauso trägt ein Bewußtseinsfunke das gesamte Potential, das gesamte Spektrum der Möglichkeiten einer geistigen Entwicklung in sich. Natürlich gibt es im Universum unterschiedliche Bewußtseinsfunken. Diejenigen, die sich um die Erde herum versammelten, waren Bewußtseinsfunken, die eine physische Verkörperung mit allen Möglichkeiten einer geistigen Entwicklung anstrebten. Das gesamte Potential eines Bewußtseinsfunkens, das z.B. jeder Mensch zur Verfügung hat, ist also von Anfang an vorhanden. Es ist aber von ihm abhängig, ob er dieses Potential zur Entfaltung bringt. Wie sich ein Bewußtseinsfunke im Laufe seiner vielen Verkörperungen auf der Erde entwickelt, hängt also ganz von ihm ab und ist allein in seiner Macht. Die Möglichkeiten und Freiheiten eines Bewußtseinsfunkens sind sehr groß.

Die Bewußtseinsfunken, die sich um die Erde herum versammelten, wurden von der Möglichkeit einer physischen Verkörperung und davon, über ihre Erfahrungen frei entscheiden zu können, angezogen. Ihr Wunsch nach "Lernen durch Erfahren" zeichnete sie besonders aus. Die Bewußtseinsfunken waren sozusagen wie besessen von der Möglichkeit, ihr ihnen innewohnendes Potential, wo auch immer es sie hinführen wollte, zu erfahren und zu erproben. Sie strebten somit mit großem inneren Drang ihre Verkörperung an.

Schließlich war es soweit, daß die Engel die Erde für die Bewußtseinsfunken zur Besiedelung freigaben. Ein herrliches Schauspiel eröffnete sich dadurch. Der Wille der Bewußtseinsfunken zur Verkörperung, die Bereitschaft der Erde, Leben zu tragen, und die unterstützende Hilfe der Engel, brachte die Bewußtseinsfunken blitzartig in einen physischen Körper auf die Erde.

Dies geschah vor allem durch die geistige Kraft der Engel, die sich einfach ein perfektes Instrument, das in vollkommener Harmonie mit dem Planeten arbeiten sollte, für die Bewußtseinsfunken vorstellten. Der unbändige Wunsch der Bewußtseinsfunken ließ sie dieses "Instrument", den physischen Körper, unmittelbar in Besitz nehmen. Der physische Körper der Menschen entstand somit im Bruchteil einer Sekunde aus der geistigen Vorstellungskraft der Engel und aus ihrer Motivation heraus, ein perfektes Instrument für die Bewußtseinsfunken erschaffen zu wollen. Ist das nicht wunderbar? Wir wissen, geliebte Leser, dies klingt für euch vielleicht vollkommen phantastisch und verrückt.

Der komplexe, komplizierte, wunderbare menschliche Körper entstand also in einem Bruchteil eines winzigen Augenblicks und nicht in Millionen von Jahren durch Evolution, wie eure Wissenschaftler immer vermuten! Wir wissen, dies klingt für euch phantastisch, aber denkt immer daran, alte Männer erzählen euch eine Geschichte. Ob diese stimmt, nun wie es so ist mit Geschichten, man weiß es nie ganz genau. Aber wir versichern euch, daß wir alles so wahrheitsgetreu wie möglich an euch weitergeben, so wie es das Große-Ganze von uns möchte.

Vielleicht zeigt euch die Erschaffung des menschlichen physischen Körpers durch die reine Vorstellungskraft der Engel der siebten Entwicklungsstufe, deren Kraft und Größe.

Vielleicht erkennt ihr dadurch ihr Potential und ihre Schwingung! Ihre Zusammenarbeit oder ihr Zusammenspiel war ein gewaltiger kreativer Akt. Hierzu waren Engel eines bestimmten hohen Entwicklungsgrades nötig gewesen, um alles so wunderbar und perfekt erschaffen zu können. Wenn ihr euch weiterhin vergegenwärtigt, daß diese Erschaffung leicht und wie ein Spiel für sie geschehen ist, vergrößert das noch ihre Leistung.

Die zweite Phase und die Unterstützung der Bewußtseinsfunken

Die erste Phase, die die Vorbereitung der Erde zum Inhalt hatte, war nun zur vollkommenen Zufriedenheit aller Beteiligten abgeschlossen. Die nächste, die zweite Phase wurde der Unterstützung der Bewußtseinsfunken gewidmet. So wollten es die Meister der Ur-Sonne! Aus ihrer großen Güte und Liebe für alles Lebendige heraus wußten sie, daß die Bewußtseinsfunken vor enormen Schwierigkeiten stehen würden und daß für sie Unterstützung vorhanden sein mußte. Bisher hatten es die Engel zur Aufgabe gehabt, an großen Zusammenhängen und Möglichkeiten zu arbeiten, wie z.B. an der Vorbereitung der Erde, damit ein geeignetes Übungsfeld für Bewußtseinsfunken bereitgestellt werden konnte. Dies war nun im großen Rahmen geschehen. Jetzt folgte die Arbeit im Detail und für die Engel der siebten Entwicklungsstufe war dies das eigentliche Experiment, so wenigstens hatten es die Meister der Ur-Sonne erwähnt.

Es erscheint einleuchtend, daß die Engel diese "Arbeit im Detail" nicht von ihrem hohen, feinen Engelkörper der siebten Entwicklungsstufe aus erledigen konnten. Sie mußten die schwierige Aufgabe auf sich nehmen, ihr Bewußtsein auf einen niedrigeren Engelkörper zu fokussieren, dem es möglich war, näher an der Erde zu arbeiten. Dies sollte jedoch unter der Voraussetzung geschehen, das Bewußtsein der siebten Engelentwicklungsstufe nicht zu verlieren. Das war für die Engel eine schwierige Aufgabe, die sie darin ausbilden sollte, mühelos von einem Bewußtseinszustand in einen anderen gleiten zu können, ohne den eigentlichen Fokusbrennpunkt zu verlieren. Wir wollen euch dies noch einmal erklären, da es vielleicht etwas schwierig zu verstehen ist. Die Engel sollten also lernen, sich mit einem niedrigeren Bewußtsein zu verbinden, und gleichzeitig sollten sie sich ihres eigentlichen Ursprungs auf der siebten Stufe ständig bewußt bleiben. Dies war nötig, damit sie ihre weiteren Aufgaben auf der Erde erfüllen konnten, nämlich die Unterstützung der Bewußtseinsfunken.

Die Arbeit im Detail begann also, und die Engel verteilten sich auf der gesamten Erdkugel. Die Meister der Ur-Sonne hatten ihnen einst gesagt, daß sie in der zweiten Phase alle drei Qualitäten in sich vereinen müßten, um diesen Teil der Aufgabe erledigen zu können. Es war eine schwierige, etwas verwirrende Zeit damals – für Engel und Bewußtseinsfunken im gleichen Maße. Beide standen vor fast ähnlichen Schwierigkeiten, nur auf unterschiedlichen Ebenen. Die Engel mußten sich mit einem anderen Engelkörper verbinden, aber gleichzeitig ihr hohes Bewußtsein halten, und die Bewußtseinsfunken mußten sich im menschlichen Körper zurechtfinden. Somit durchschritten beide eine chaotische Phase des Übergangs.

Doch die Engel balancierten sich sehr schnell auf dem neuen Niveau ein und errangen eine Zentriertheit in diesem Zustand. Es fiel ihnen nicht leicht, aber alle meisterten es nach einer kurzen chaotischen Phase. Die Bewußtseinsfunken hatten es mit ihrer Aufgabe schon etwas schwerer. Sie lernten über viele Jahrtausende hinweg, sich im physischen Körper zu etablieren und sie mußten herausfinden, was sie mit ihm tun konnten und was nicht. Doch dazu kommen wir an späterer Stelle.

Als sich die Engel in ihrer neuen Bewußtseinsebene erst einmal zurechtgefunden hatten, konnten sie mit der anstehenden Aufgabe beginnen. Nun lief die Arbeit genauso wie in der ersten Phase ab, nur daß dies jeder Engel allein oder in Ausnahmen in kleinen Gruppen tat. In der ersten Phase hatten sie alle zusammengearbeitet und eine ungeheuer große Menge an Energie erzeugt. Da die Arbeit jetzt im kleinen Rahmen stattfand und jeder Engel alleine Energie kanalisierte, leitete und verströmte, war nun die Menge an Energie entsprechend geringer. Das war jedoch genau richtig, da sie ihre Energie gezielt in bestimmte Situationen, in einzelne Plätze oder auch in Bewußtseinsfunken hineinlenkten. Die Engel verwirklichten und verstärkten das kosmische Gesetz "wie im Großen so im Kleinen" auf der Erde. Ihre Liebe für die Erde ließ sie dieses gewaltige Experiment der Transformation, das sie mit sich selbst vollbringen mußten, um ihr weiterhelfen zu können, leichter bewältigen und vollziehen. Die Liebe zwischen ihnen und der Erde, das neu gewebte Band, half somit beiden zu gleichen Teilen.

Die Engel mußten sich also in dieser zweiten Phase nicht nur auf einer neuen Bewußtseinsstufe zurechtfinden, sondern sie mußten auch noch die drei Qualitäten in sich vereinen und anwenden. Es war eine schwierige, eine herausfordernde Aufgabe! Aber der Wille und der Wunsch der Engel, ein vollkommener Diener des Lichts zu sein, ließ sie alle Schwierigkeiten, vor denen sie in der Anfangszeit standen, meistern.

Ihre Aufgabe war es nun, die Bewußtseinsfunken zu unterstützen und die Erde im Detail zu verfeinern, indem sie in ganz bestimmte Stellen hinein Energie lenkten, die im Laufe der Geschichte entscheidende Rollen spielen sollten.

Was aber bedeutete es für die Engel, eine Unterstützung für die Bewußtseinsfunken zu sein? In diesem Zusammenhang müssen wir näher auf das Wesen der Bewußtseinsfunken eingehen. Zunächst einmal waren sie ein rein geistiges "Samenkorn" mit vielen unterschiedlichen Anlagen und Möglichkeiten. Beseelt von dem starken Wunsch oder besser noch von dem Drang, sich zu entfalten, hatten diese geistigen "Samenkörner", die von den Engeln erschaffenen Instrumente, die menschlichen Körper, in Besitz genommen, was bedeutete, daß ihre gesamten Anlagen in dieses Instrument geflossen waren. Sie hatten die Körper mit ihrem gesamten Potential, daß sich in diesem Moment schlagartig in seinen Grundanlagen ausbildete, beseelt. Das "Samenkorn" hatte also einen fruchtbaren Boden gefunden und konnte sich entwickeln und kennenlernen. Dieser Vorgang umschreibt kurz das gesamte weitere Geschehen um die Bewußtseinsfunken. Doch gehen wir näher auf das ihnen innewohnende Potential ein. Gleich zu Beginn der Inbesitznahme der physischen Körper waren sie Wesen mit der Möglichkeit zu fühlen und zu denken. Von Anfang an hatten sie eine Seele, die dieses lernende, sich entfalten wollende Wesen begleitete und anleitete, wenn auch nur in sehr begrenztem Maße.

Alle diese Anlagen, die auch ihr in euch tragt, waren also von Anfang an in den Bewußtseinsfunken vorhanden. Aber in ihren ersten Inkarnationen waren sie vollkommen damit beschäftigt, ihren Körper wahrzunehmen, sich in ihm aufzuhalten und zu lernen, was man dabei beachten mußte. Das waren so einfache Dinge, wie z.B. zu lernen, daß man essen und trinken mußte, um zu überleben oder daß man nicht unbeschadet in eine Schlucht hinunterspringen konnte. Später lernten sie verstärkt Gefühle und die unterschiedlichen

Möglichkeiten dieser, wie Freude oder Leid, kennen. Danach begannen sie schrittweise, ihr Potential denken zu können auszubilden. Das alles lief mehr oder weniger in Phasen oder hintereinander ab, aber vieles überschnitt sich und dauerte Jahrtausende. Noch später entwickelte sich das spirituelle Potential der Bewußtseinsfunken.

Die Engel wußten, daß Bewußtseinsfunken alles erlernen müssen. Sie wußten, daß ihre Entwicklung in Etappen ablaufen würde, daß aber gleichzeitig auch ihr gesamtes Potential bereits vorhanden war. Die Engel sahen, daß in diesen mühsam sich zurechtfindenden Bewußtseinsfunken das Potential eines Engels steckte, zwar noch vollkommen unentwickelt, aber es war vorhanden. Ihre Aufgabe war es nun, das gesamte Potential der Bewußtseinsfunken durch das Kanalisieren, Lenken und Verteilen ihrer Engelenergie anzuregen. Diese Energie beinhaltete alle Faktoren des höchsten Potentials der Bewußtseinsfunken und ging noch weit darüber hinaus. Die Liebe der Engel war z.B. eine alles umfassende, nicht zweckgebundene, nicht egoistische Liebe, die auch die höchstmögliche Form und Verfeinerung des Gefühlsspektrums eines Bewußtseinsfunkens darstellt.

Dadurch, daß die Engel ihre Energie weiterhin auf der Erde verströmten und manchmal sogar gezielt in Situationen oder Menschen (wir wollen ab jetzt diesen Namen für die Bewußtseinsfunken nehmen) hineinlenkten, brachten sie Schwingungen in Umlauf, die das Potential der ehemaligen Bewußtseinsfunken anregten. Die Hauptaufgabe der Engel war es aber damals, einfach nur "da" zu sein, gegenwärtig zu sein. Durch ihre Anwesenheit aktivierten sie nach und nach all die Anlagen der Menschen und brachten sie zum Schwingen und Vibrieren. Das hieß nicht, daß diese sofort lernten zu lieben oder im intelligenten Sinne zu denken. Ihr wißt selbst, das kam viel später. Die Engel halfen aber zur damaligen Zeit, daß sich die Anlagen des Menschen zu fühlen, zu denken und spirituell zu sein, in ihnen etablierten und verfestigten. Erst im Laufe der Zeit wurde dieses Potential so stark angeregt, daß es sich entfalten konnte.

Die Hauptaufgabe der Engel war es also zunächst einmal, anwesend zu sein. Sie liebten diese Aufgabe und erfüllten sie pflichtgetreu. Sie verströmten ihre Energie willig und großzügig und voller Mitgefühl für die Lernenden. Dabei lernten sie, wann sie eine der drei Qualitäten einzusetzen hatten und erlangten große Fertigkeit darin. Und doch war nun alles anders für sie – alles war nicht mehr ganz so weit, nicht mehr ganz so fließend, frei und unendlich und das Gefühl der Verbundenheit war nicht mehr so stark. Natürlich waren sie sich über die Anwesenheit der anderen Engel, die ihre Aufgabe auf der Erde erfüllten, bewußt. Aber das Gefühl, mit ihnen vollkommen vereint und verwoben zu sein, das sie auf der siebten Entwicklungsstufe erlebt hatten, war so viel wunderbarer und erfüllender gewesen. Nun konnten sie ganz plötzlich verstehen, was die Meister der Ur-Sonne einst gemeint hatten, als sie sagten, daß es ihnen so vorkommen würde, als ob sie ganz alleine wären. Damals hatten sie gelacht und angenommen, daß ihnen das nie geschehen könnte, weil sie gewußt hatten, daß es eine Illusion ist, allein zu sein, da alles miteinander verbunden und wunderbar in das Große-Ganze eingebunden ist.

Ja, jetzt konnten sie verstehen, was die Meister der Ur-Sonne gemeint hatten. Und sie verstanden auch, daß dieses neue, andere Gefühl oder Gewahrsein, das zwar noch im Einklang mit allem war, aber eben nicht so vollkommen wie das auf der siebten Stufe, zu diesem niedrigeren Engelbewußtsein gehörte. Sie folgerten daraus und tauschten sich untereinander darüber aus, daß, wenn bereits auf dieser Engelebene das Gefühl der Verbundenheit nicht mehr so ausgeprägt vorhanden war, sich die Menschen vollkommen verloren fühlen mußten.

Liebe Leser, bedenkt, daß wir über die Erfahrungen von Engeln einer sehr hohen Entwicklungsstufe sprechen. Es könnte nun so erscheinen, als ob es innerhalb des Engelreiches Illusionen über "allein sein oder getrennt sein" gäbe. So ist es nicht! Jeder Engel erlebt die Einheit und Verbundenheit mit allem. Jeder Engel, egal welcher Entwicklungsstufe, fühlt sich als ein vollkommener Teil des Großen-Ganzen. Es gibt jedoch Unterschiede, in wieweit die Engel Licht durch sich fließen lassen können und in wieweit sie immer mehr ein Diener der Ur-Sonne werden. Dieses Durch-sich-strömen-lassen bestimmt ihre Entwicklungsstufe und ihr inneres Erleben und Gewahrsein. Auch Engel lernen, entwickeln sich und machen Erfahrungen. Nimmt also ein hochentwickelter Engel das Erleben eines Engels einer niedrigeren Entwicklungsstufe wahr, so kommt ihm dieses begrenzter, enger und abgeschnittener vor, als das auf seiner ursprünglichen Erfahrungsebene. Dies ist aber wiederum in keinem Falle mit euren Gefühlen von Abgeschnittenheit, Enge und Einsamkeit zu vergleichen,

Bedenkt, welche großen Bewußtseinssprünge die Engel der siebten Entwicklungsstufe damals gemacht haben, als sie sich mit der dritten Entwicklungsstufe verbanden, um im Detail direkter auf der Erde wirken zu können. Alle Engel der siebten Entwicklungsstufe verbanden sich mit dem Bewußtsein der dritten Entwicklungsstufe und hielten doch ihr ursprüngliches Bewußtsein aufrecht! Dies war die Aufgabe, das Experiment, das die Meister der Ur-Sonne von ihnen gemeistert sehen wollten. Sie sollten lernen, viele

Bewußtseinssprünge tätigen zu können, und sie sollten sich darin ausbilden – immer unter dem Aspekt, nie ihr eigentliches Bewußtsein zu verlieren, nie zu vergessen, wer sie sind, woher sie kamen und wohin oder wozu sie gehörten. Das war das eigentliche Experiment für die Engel. Gleichzeitig erfüllten sie dabei große Dienste für die Erde und die Menschen. Alles hat seinen Sinn, liebe Zuhörer, alles hat seine tiefe Bedeutung!

Durch die neue Erkenntnis der Engel, die aus der Erfahrung der dritten Engelebene entstanden war und dem Folgern daraus, wie eng und verwirrt sich die Menschen fühlen mußten, verstärkte sich ihr Mitgefühl. Mit noch größerer Liebe verströmten sie nun ihre Energie, und sie stürzten sich noch intensiver in ihre Arbeit.

Dadurch belebten sie die Erde in großem Maße. Bis dahin war sie bereits ein üppiger fruchtbarer Planet gewesen, aber nun wurde alles noch strahlender und überschäumender. Eine unendlich große Vielfalt an Pflanzenarten konnte sich auf der Erde ausbreiten. Die Meere waren bevölkert mit unzähligen Fischen und Meeressäugern und das Land mit den unterschiedlichsten Arten der Tierwelt. Die Erde war der Ausdruck des Lebendigen. Alles blühte und gedeihte. Die Menschen fanden Nahrung in Hülle und Fülle in fester und flüssiger Form. Es war das Goldene Zeitalter der Erde! Sie wurde ständig belebt durch die Energie der Engel und erblühte dadurch immer mehr. Die Natur, liebe Leser, ist der Ausdruck des inneren Erlebens der Erde. So wie es auf der Erde blüht und gedeiht, so wie die Bäume und Pflanzen wachsen und strahlen, so "fühlt" sich die Erde. Ihr Innerstes wird also durch die Pflanzenwelt zum Ausdruck gebracht. Um dieses innere Erleben im außen zeigen zu können, hat die Erde viele Helfer und Helferinnen zur Verfügung, unzählige kleine und große Wesen der Natur, die die Bäume und Pflanzen dabei unterstützen, diesem Ausdruck gerecht zu werden. Die Wesen der Natur sehen darin ihre Selbstverwirklichung. In der damaligen Zeit waren unzählige Naturwesen am Werk, die die zugeführte Energie der Engel für das Pflanzenreich umwandelten und ihm zur Verfügung stellten. Die Naturwesen waren sogar schon vor den Bewußtseinsfunken auf der Erde gewesen und hatten den Engeln bei der Vorbereitung der Erde geholfen. Auch diese Zusammenarbeit war ekstatisch, fließend und leicht. So ist es leicht zu verstehen, wie blühend, wie fruchtbar die Erde damals war. Es war der Ausdruck ihrer inneren Fülle und ihres Überschwangs!

Es fällt euch vielleicht schwer, euch diese Fülle vorzustellen, heute, in einer Zeit, in der davon fast nichts mehr vorhanden ist. Die Erde war überzogen von dichten Wäldern und von blühenden Gewächsen und Blumen, die köstliche Aromen verströmten. So wie die Engel ihre Liebe verströmt hatten, tat dies nun auch die Erde durch ihre Blumen. Die Meere und Seen waren sauber und klar und leuchteten in Blau-, Grün- und Türkistönen. Tiere durchwanderten große Gebiete und hatten freie unbegrenzte Territorien zur Verfügung. Wunderbare Vögel bevölkerten die Lüfte. Die Menschen wohnten in kleinen Gruppen in einfachen Behausungen oder Höhlen zusammen. Sehr viele waren auch allein. Die Erde war im Vergleich zu der damaligen Anzahl der Menschen riesig und bot ihnen sehr viel Platz. Zwischen diesem ganzen Geschehen bewegten sich die Engel der siebten Entwicklungsstufe im Körper eines Engels der dritten Entwicklungsstufe. Sie luden die Erde und ihre Atmosphäre immer wieder mit ihrer Energie auf. Zu eurem Verständnis möchten wir hier einfügen, daß der Engelkörper und das

Engelbewußtsein der dritten Entwicklungsstufe die erste Möglichkeit für die Engel der siebten Entwicklungsstufe war, direkter auf der Erde zu wirken, was ansonsten auch die Engel der zweiten und der ersten Entwicklungsstufe können.

Die Engel verstärkten weiterhin das Gitternetz der Erde und besondere Plätze und Naturtempel mit ihrer Energie. Sie programmierten bestimmte Teile des Mineralienreiches mit Informationen über ihre Anwesenheit auf Erden und über das gesamte damalige Geschehen.

Alles sollte aus ihrer Sicht für die Menschen zur Verfügung stehen, und sie wollten den Menschen Geschenke hinterlassen, die sie zu einem Zeitpunkt entdecken würden, an dem sie innerlich reif dafür waren. Die Engel wußten, daß sie nicht für immer auf diese Art die Menschen und die Erde begleiten würden und daß ihr Dienst bald beendet sein würde. Deshalb wollten sie Spuren und Informationen über ihr Wirken auf Erden zurücklassen. Sie schrieben ihre Geschichten in Berge und in Täler, die diese noch lange verkündeten. Sie sprachen zum Mineralienreich, das die Worte tief in sich einschloß, und der göttliche Klang dieser Worte formte die Gestalt der Mineralien. Die Harmonie, die göttliche Form, die Gleichmäßigkeit und auch die Vielfalt des Mineralienreiches, vor allem die der Bergkristalle, die besonders die Engelenergie speicherten, spiegelt dies wider. Die Engel hinterließen an vielen Plätzen der Erde mächtige Zeugnisse und Geschenke, für euch heute fast nicht mehr sichtbar und lesbar. Es ist nicht so, daß sie nicht mehr existieren, sondern daß ihr sie nicht erkennen könnt. Hättet ihr sonst die riesigen Diamantminen geschaffen und der Erde im Raubbau ihre Nährstoffe entrissen, oder hättet ihr sonst im großen Stil die Marmorberge abgebaut? Alles nur, um aus diesen Schätzen Prestigeobjekte zu fertigen und nicht etwa, um ein Vermächtnis der Engelwelt zu ehren.

In großer Geduld und Hingabe haben die Engel zu der damaligen Zeit ihre Geschichten erzählt und ihre Energie ganz bewußt für diesen Anlaß in besondere Stellen der Erde gelenkt. Diese haben sie in sich aufgenommen und wurden dadurch verwandelt, was sich oft in ihrer besonderen Art oder Form widerspiegelt. Ja, vieles habt ihr aus Profitgier bereits zerstört, es in kleinsten Portionen über die Erde verteilt und nicht geehrt. Aber es ist noch nicht zu spät. Noch existieren Berge und Täler, noch existieren Plätze auf der Erde, die euch die Geschichten der Engel erzählen können. Wenn ihr sie finden wollt, müßt ihr euch ehrfurchtsvoll auf die Suche danach begeben. Ihr müßt still werden und horchen, damit euch die Berge ihre Geschichten erzählen können. Diese Suche würde sich jedoch lohnen, liebe Leser.

Ein altbekanntes, seit vielen Jahrtausenden geehrtes, heiliges Gebiet stellt der Himalaja dar. Die Gebete der tibetanischen Mönche hielten diese Gegend sauber, rein und klar. Die Geschichte der Engel konnte jederzeit von Ohren gehört werden, die offen dafür waren. Es war das Gebiet der "Götter", eine mächtige erhabene Gegend, in der sehr viel spirituelle Kraft gesammelt war und die von den Menschen, den tibetanischen Mönchen und ihrer Bevölkerung, erhalten wurde. Leider wurde auch das zerstört!

In der Zeit ihrer Anwesenheit kreierten die Engel also überall auf dem Erdenball große und kleine spirituelle Energie- und Lichtzentren, von denen viele bis zum heutigen Tage noch existieren und davon Zeugnis tragen.

Der Wunsch der Engel der siebten Entwicklungsstufe

Der Tag kam, an dem die Engel der siebten Entwicklungsstufe all ihre Aufgaben auf der Erde erledigt hatten und den Ruf der Meister der Ur-Sonne vernahmen. Sie verließen den Engelkörper der dritten Entwicklungsstufe, nahmen ihr ursprüngliches Kleid der siebten Stufe an und verbeugten sich vor ihren Meistern, die alle versammelt waren, sie zu begrüßen.

Unsere geliebten Kinder,
wir empfangen euch
mit großer Liebe und Freude.
Ihr alle habt diese
schwierige Aufgabe zu unserer
vollsten Zufriedenheit
zu Ende gebracht.
Ihr habt den
blauen Gefährten der Liebe
zum Leben erweckt,
ihn mit eurer Liebe
zum Blühen gebracht und
ihm dabei geholfen,
sein großes Potential zu entfalten.
Für unsere geliebten
Bewußtseinsfunken habt ihr
ein geeignetes Gefährt erschaffen
und alles für sie vorbereitet
und bereitgestellt,

was sie zu ihrer
Entwicklung benötigen:
physische Nahrung, Liebe
und geistige Inspiration.
Darüber hinaus habt ihr
ihnen heilige Plätze erschaffen,
an denen sie ihrer Erleuchtung
entgegenstreben können.

Dies alles wurde von euch vollbracht
und wir danken euch dafür.
Zusätzlich habt ihr euch
auf einer anderen, niedrigeren
Stufe des Bewußtseins erprobt,
wobei ihr niemals eure
eigentliche Heimstätte
vergessen durftet.
Das ist eine schwierige
Aufgabe gewesen,
aber alle von euch
haben sie gemeistert.
Nun versteht ihr auch
unsere damaligen Worte.

Ihr, die ihr euch freiwillig
für diese Expedition gemeldet habt,
seid nun in eine
neue Phase eingetreten und
zwar in die Vorbereitungsphase
für den Aufstieg in
die nächste Entwicklungsstufe.

Dies ist bereits
die erste Prüfung gewesen
und ihr alle habt sie bestanden.
Nun ruht euch von dieser
schwierigen Reise aus.
Begebt euch zu euren
alten Aufgaben.
Wir werden euch rufen,
wann immer wir euch benötigen.

Unser Segen sei mit euch,
geliebte Kinder.

Die Engel der siebten Entwicklungsstufe waren glücklich und geehrt durch diese Worte. Sie waren freudig erregt darüber, daß sie durch ihre Taten in die Vorbereitungsphase zum Aufstieg in die nächste Entwicklungsstufe eingetreten waren und daß sie davon bereits eine Hürde gemeistert hatten. Mit der Gewißheit, daß sie zum geeigneten Zeitpunkt weitere Anweisungen erhalten würden, kehrten sie zu ihren bisherigen Aufgaben zurück.

Eine kleinere Gruppe der Engel blieb jedoch vor den Meistern der Ur-Sonne knien. Auch sie waren glücklich über die gesprochenen Worte. Doch es war noch etwas in ihnen – etwas, das jeder unabhängig von den anderen spürte und das sie vor den Meistern der Ur-Sonne verweilen ließ. Noch nie war es in ihrer Entwicklung vorgekommen, daß sie sich einer Aufforderung ihrer Meister widersetzt hatten und auch jetzt war es kein Widerstand, sondern eine Richtigkeit, obwohl diese zunächst der Aufforderung ihrer Meister zu widersprechen schien. Die Meister der Ur-Sonne richteten ihr Wort an sie:

Geliebte Kinder, sprecht!

In der Gruppe der Engel der siebten Entwicklungsstufe sammelte sich dieses "Etwas", das sie alle fühlten, in ihrem ehemaligen Lehrer, der auch wieder unter ihnen war und formte sich in ihm für alle in Worte:

Erhabene Meister des Lichts,
meine geliebten Schüler
bitten um eure
weitere Unterweisung
und haben in großer Demut
ein Anliegen an euch.
Sie sind sich ihrer Frevelhaftigkeit,
eure Anweisung nicht sofort
ausgeführt zu haben, bewußt,
und sie bitten um Verzeihung.
Jedoch ist ihr Anliegen
von großer Dringlichkeit
und Ehrlichkeit.
Sie bitten um die Gnade
eurer weiteren Unterweisung.

Nach diesen Worten entstand eine Stille, die von der gespannten Erwartung der Engel vibrierte. Noch niemals hatten sie solch eine Situation erlebt – eine Situation, in der sie zu den Meistern der Ur-Sonne ihr Wort erheben mußten oder wollten, ohne daß diese sie dazu aufgefordert hatten. Die Meister der Ur-Sonne sprachen:

Eure Bitte sei gewährt!
Sprecht, geliebte Kinder.

Wieder trat der Engel-Lehrer als Fürsprecher seiner Schüler vor, doch die Meister der Ur-Sonne hielten ihn mit den Worten zurück:

Diesmal muß einer
aus ihren Reihen für
sie alle sprechen!
Du hast deinen Dienst
für sie in großem Maße
und vollständig erledigt,
ja sogar darüber hinaus.

Nun müssen sie ihre
Bitte selbst aussprechen,
geliebter Freund.
Deine Schüler müssen
ganz aus sich
selbst heraus sprechen.

Engel der siebten Entwicklungsstufe,
wählt einen aus euren Reihen aus,
der eure Bitte vorträgt!

Der Engel-Lehrer verbeugte sich tief und verstand, daß er nichts mehr für seine Schüler tun konnte und daß sie nun alles weitere ohne seine Anleitung und Hilfe aus sich selbst heraus entscheiden mußten. Seine Aufgabe auf der siebten Entwicklungsstufe war vollbracht. Eine ungeheuer große Menge an Energie floß in diesem Moment durch ihn hindurch, und vor den Augen seiner Schüler verwandelte er sich in ein Wesen des Lichts der achten Engel-Entwicklungsstufe. Eine große Erschütterung durchfuhr die anderen Engel!

Einerseits breitete sich in ihnen eine unermeßliche Freude über ihren heißgeliebten Lehrer und Freund aus, denn es war für sie eine Ehre an seinem Aufstieg in die nächste Stufe teilhaben zu können, andererseits kamen sie zu der Erkenntnis, daß sie ihre Bitte nun ohne Anführer oder Lehrer direkt den Meistern der Ur-Sonne vortragen mußten. Was dadurch mit den Engeln geschah, können wir nur mit Erschütterung umschreiben. Das machte die Situation für sie nicht leichter. Doch sie mußten sich sammeln und wieder all ihre Energie auf den Vortrag ihrer Bitte ausrichten. Schnell war einer von ihnen gefunden. Auf ihn fokussierten alle anwesenden Engel ihren Brennpunkt, und ihr Anliegen wurde von ihm ausgesprochen.

Erhabene Meister der Ur-Sonne,
stets habt ihr uns
voller Liebe und Einsicht angeleitet.
Ihr seid unser großes
Vorbild und unser Leitstern.
Von euch haben wir alles,
was wir sind, gelernt.
Wir stehen voller Demut
vor euch und möchten
eine Bitte aussprechen.
Wir, die Engel
der siebten Entwicklungsstufe,
haben erlebt, wie es ist,
das Bewußtsein
der dritten Entwicklungsstufe zu tragen.
Wir haben gesehen,
daß die Menschen,
eure geliebten Bewußtseinsfunken,

wie im Schlafe vor sich hintaumeln,
und wir folgern daraus,
daß sie sich noch viel enger
und begrenzter fühlen müssen,
als wir es auf der dritten
Entwicklungsstufe erlebt haben.

Solch große Enge,
solch große Einsamkeit
muß der Mensch erleben!
Wir, die wir unendliches Glück erfahren,
möchten ihnen beistehen
in ihrer Dunkelheit.
Wir möchten mit ihnen teilen.

Erhabene Meister des Lichts,
wir bitten darum,
weiterhin auf der Erde
dienen zu dürfen.
Das ist unsere Bitte und
sie ließ uns nicht
sofort zu unseren bisherigen
Aufgaben zurückkehren,
die wir immer voller
Freude und Glück
vollbracht haben.

Wir wissen,
die Entscheidung
liegt in eurer Hand und
voller Vertrauen geben
wir uns ihr hin.

Wir danken dafür,
daß wir unsere Bitte
aussprechen durften.

So sprach der Vertreter aller anwesenden Engel der siebten Entwicklungsstufe. Wieder breitete sich große Stille aus, und alle warteten geduldig bis die Meister der Ur-Sonne antworteten:

Wißt ihr,
was dies für euch bedeutet?
Seid ihr euch,
über das Ausmaß
eurer Bitte bewußt?
Seid ihr bereit,
mit allen Konsequenzen
den Bewußtseinsfunken zu dienen?
Sie stehen ganz am Anfang und
ihr seid hochentwickelt.
Der Unterschied
zwischen ihnen und euch
ist sehr groß.

Unsere erste Frage ist:
Wollt ihr wirklich weiterhin
auf der Erde dienen?
Entscheidet euch jetzt!
Einmal entschieden,
könnt ihr nicht mehr
umentscheiden.
Noch könnt ihr zu
euren alten Aufgaben

mit unserem Segen zurückkehren.

Es wird nicht leicht für
euch sein,
die Bitte, die ihr vorgetragen habt,
auszuführen.
Also, überlegt euch alles
noch einmal gut,
geliebte Kinder.

Alle Engel der siebten Entwicklungsstufe blieben vor ihren Meistern knien. Alle waren beseelt von dem Wunsch, den Bewußtseinsfunken auf dem Weg zu Liebe und Bewußtsein beizustehen.

Als die Meister der Ur-Sonne sahen, daß die Entscheidung bei allen gefallen war, ja daß nie ein Zweifeln über ihre Bitte in ihnen entstanden war, "lächelten" sie und sandten den anwesenden Engeln eine Woge der Liebe. Bis dahin hatten die Meister der Ur-Sonne ihnen kein Anzeichen darüber vermittelt, wie sie zu dem vorgetragenen Anliegen eingestellt waren. Deshalb hatten die Engel keinen Anhaltspunkt gehabt, ob die Meister der Ur-Sonne ihrer Bitte wohlgesonnen oder ablehnend gegenüber standen. Nur ihrem Engel-Lehrer war es möglich gewesen, die Einstellung der Meister der Ur-Sonne zu deuten. In Momenten großer Erweiterung eines ihrer Schüler herrscht zwischen den Meistern der Ur-Sonne und dem jeweiligen Schüler, in diesem Fall dem Engel-Lehrer der siebten Entwicklungsstufe, eine sehr starke Verbundenheit im Licht. Der Augenblick des Aufstiegs von der siebten auf die achte Stufe ist immer ein ekstatischer Moment, nicht nur für den Engel selbst, sondern auch für die Meister der Ur-Sonne. Einer ihrer Schüler ist ein Stück weitergekommen und hat sich noch mehr dem Zustand der Vollkommenheit genähert. Welch ein ekstatischer Moment ist das jedesmal für sie!

Aber für die anderen versammelten Engel war die starke Verbindung zwischen diesen nicht so sichtbar gewesen. Auch sie hatten die Ekstase erlebt, aber gleichzeitig waren, wie schon beschrieben, viele andere Dinge, die sie stark beschäftigt hatten, parallel für sie abgelaufen.

Doch jetzt, als die Meister der Ur-Sonne "lächelten", warfen sie sich vor ihnen nieder – sie wußten, sie hatten ihren Segen. Sie erkannten, daß der Vortrag ihrer Bitte nicht frevelhaft gewesen war. Die Meister der Ur-Sonne sprachen:

Geliebte Kinder,
noch nie habt ihr
bis zum heutigen Tag
eine Bitte an uns gerichtet.
Alles war bisher im Einklang
miteinander gewesen:
Unsere Anweisungen an euch
und eure Annahme dieser.
Noch nie habt ihr euch
unseren Anweisungen
widersetzt oder sie nicht
sofort befolgt und umgesetzt.
Bis jetzt!

Und wir sagen euch,
dies ist in völliger Harmonie mit uns.
Nein, ihr habt euch uns
nicht widersetzt!
Heute war der richtige Tag,

uns zu widersprechen.
Nicht nur das,
es war Teil eurer
fortschreitenden Entwicklung und
die nächste Stufe eurer Prüfung
zum Emporstieg in
die achte Entwicklungsstufe.

Für jeden Engel
kommt der Tag,
an dem er das Wort
an uns erheben muß.
Dies erfordert viel Mut
und Vertrauen von ihm
und doch ist es unvermeidbar.

Je weiter sich ein Engel entwickelt,
um so selbständiger muß er
im Reich der Unendlichkeit
existieren und um so
fließender muß er sein.
Dazu gehört auch,
daß ein hochentwickelter Engel
alle Entwicklungsstufen
leicht durchwandern kann,
obwohl er auf einer ganz bestimmten,
einer höheren, angesiedelt ist.

Das, was eben geschehen ist,
ist eine Mutprobe gewesen,
die jeder Engel früher oder später
durchlaufen muß.

Eure Bitte ist also nicht frevelhaft.
Im Gegenteil,
sie ist ganz in Harmonie
mit eurer Entwicklung und mit uns.

Jedes Mal,
wenn ein Planet besiedelt wird,
brauchen wir hochentwickelte Wesen,
die aus Mitgefühl heraus
die große Aufgabe übernehmen,
die Evolution zu beeinflussen,
was bedeutet, ihr zu helfen.
Aber dies können wir nicht anweisen
und nicht von euch fordern.
Dies muß aus freiwilligen
Impulsen des Mitgefühls
heraus geschehen.

Eure Bitte ist kein Frevel,
sondern ihr seid uns
entgegengekommen.

Die Engel waren unbeschreiblich glücklich über die Worte der Meister der Ur-Sonne.

Aber das, was ihr erbittet,
ist eine schwere Aufgabe
und es ist unsere Pflicht,
euch darüber aufzuklären.
Ihr wollt den Erdenbürgern
weiterhin eine Stütze sein.
Ihr seht ihr Taumeln,

ihre Verwirrtheit und ihren Schmerz,
den sie selbst oft gar nicht spüren,
aber ihr schließt aus ihrem Verhalten,
daß sie das wunderbare Glück
der Verbundenheit mit allem,
das göttliche Einssein
nicht kennen.
Es ist so und
es wird für sie bis dorthin
ein langer Weg werden.
Viele Hürden werden vor ihnen
erscheinen bis zu dem Tag,
an dem für sie alles in hellem
gleißenden, göttlichen
Licht erstrahlen wird.

Aber ihr wollt sie auf
diesem langen Weg unterstützen?

Ein einstimmiges und inbrünstiges "Ja" der Engel erschallte.

Was seid ihr bereit,
dafür zu tun?

"Alles" ertönte es wieder einstimmig von der Engelschar.

Das ist viel und
bedeutet auch viel,
geliebte Kinder.
Aber so soll es sein!
Ihr habt entschieden.
Diese Aufgabe wird

noch schwieriger werden,
als die vorherige,
bei der ihr von der dritten
Engel-Entwicklungsstufe
aus gearbeitet habt.
Auf dieser Expedition
wird euch alles
an Energie, Kraft, Liebe
und Bewußtsein abverlangt werden.
Ihr werdet, wenn ihr den Menschen
wirklich helfen wollt,
so erscheinen müssen wie sie.
Schrittweise müßt ihr eure
Engelkörper verlassen
und das Gewand
eines Menschen annehmen.
Das ist eine große Prüfung
für euch!

Ihr wißt, wie ihr euch gefühlt habt,
als ihr den Körper der dritten
Entwicklungsstufe angenommen habt!
Nun werdet ihr noch mehrere
Stufen überspringen und
weitere niedrigere Körper
beseelen müssen,
ohne euer Bewußtsein
der siebten Entwicklungsstufe zu verlieren.
Dies ist eine fast
aussichtslose Expedition,
eine Aufgabe,
die nicht zu lösen ist.

*Deswegen steht es einigen
von euch frei,
nach einer gewissen Zeit
des Wirkens auf der Erde,
als ein Engel der ersten
oder zweiten Entwicklungsstufe,
eure übrigen Brüder und Schwestern
von diesen Ebenen aus
zu unterstützen.
Die anderen müssen
früher oder später
"als Mensch auf der Erde erscheinen".*

*Diese Transformation von
einem Engel der siebten Entwicklungsstufe
bis hin zu einem Menschen
wird sich in Etappen vollziehen.
Zunächst werdet ihr euch wieder
auf die dritte Entwicklungsstufe begeben.
Hierzu geben wir euch
das Szepter der Ermächtigung
für den Engel Samos Kantar
der dritten Entwicklungsstufe mit.*

*Er wird die Engel der ersten und
zweiten Entwicklungsstufe anleiten,
die ab jetzt für den Planeten
Erde zuständig sind.
Er wird für euch immer
wieder eine wichtige Rolle spielen,
ohne daß ihr es merken werdet,
wenn ihr auf der Erde lebt.*

Nach diesem ersten Schritt
werdet ihr stufenweise
immer dichtere Körper annehmen.
Wie schnell ihr dies vollzieht,
überlassen wir vollkommen euch.
Bedenkt, daß ihr
in die Dichte gehen werdet
und daß sich euer Bewußtsein
verengen wird.
Wie lange ihr auf der Erde
dienen werdet,
liegt ganz an euch.
Es liegt an euch,
wie ihr den Schock
der Dichte verkraften
und wie sehr ihr euch
mit ihr identifizieren werdet.
Es liegt an euch,
wie sehr und wie lange
ihr vergessen werdet.

Das, was ihr auf
der dritten Entwicklungsstufe bereits
als Abgetrenntheit empfunden habt,
wird sich um ein Vielfaches vergrößern.
Es wird Zeiten geben,
in denen ihr vergessen werdet,
wer ihr wirklich seid.
Aber selbst in der größten Dunkelheit
wird euer ursprüngliches
Bewußtsein mit euch sein.
Die schwierige Aufgabe

auf dieser Stufe ist die,
wofür ihr euch entscheiden
und womit ihr euch identifizieren werdet.
Fallt ihr in die Dunkelheit,
werdet ihr vergessen.
Erinnert ihr euch,
werdet ihr selbst in größter Dunkelheit
im Licht stehen.

Die Aufgabe ist also
wieder vielschichtig.
Ihr werdet lernen,
euer Bewußtsein
zu stählen und zu stärken.
Gleichzeitig werdet ihr
der Erde und den Menschen helfen.
Aber ihr fragt euch auch bestimmt,
wie und wodurch das geschehen soll,
falls ihr vergessen werdet,
wer ihr wirklich seid.

Am Anfang eures Daseins
auf der Erde,
werdet ihr euch noch bewußt
über eure Herkunft sein und
entscheidende Schritte für
die Menschheit einleiten,
einfach durch eure Anwesenheit.
Bedenkt, ihr dürft nie manipulieren!
Ihr dürft immer nur anwesend sein,
immer nur ihr selbst sein,
denn dadurch geschieht eine

sanfte Beeinflussung und Anleitung
der Bewußtseinsfunken.
Ihr dürft alles tun
im Kleide eines Menschen,
um euer Innerstes
nach außen zu projizieren.
Ihr dürft herrliche Kulturen erschaffen,
in denen ihr euch wohl fühlt
und ihr dürft die Menschen anleiten,
die darum bitten.

Aber ihr dürft ***nicht*** *eingreifen*
in ihr Wachstum,
auch wenn es euch
noch so schwer fällt.
Ihr fragt euch,
was dann eure Anwesenheit
überhaupt soll?

Eure Anwesenheit soll und wird
ein Angebot an die Menschen sein.
Ob sie dieses Angebot am Ende
annehmen werden oder nicht,
das liegt in ihrem Ermessen.
Daran ***müßt*** *ihr euch halten.*
Es ist für euch ein Gesetz,
daß ihr sie nicht manipulieren dürft,
in dem Sinne,
daß ihr direkt in
ihr Wachstum eingreift.
Ihr dürft nur anleiten,
wenn sie darum bitten.

Ihr dürft nur Angebote machen.

Zu Beginn eurer Zeit auf der Erde
wird euch dies leicht fallen.
Je länger ihr aber dort sein und
je dichter ihr in die Materie
eindringen werdet,
um so schwerer wird es sein.
Die Entscheidung wird
für jeden von euch kommen,
ob ihr dieses Gesetz,
unter dem ihr steht,
einhalten werdet oder nicht.

Eure Aufgabe ist also vielschichtig.
Einerseits werdet ihr euch erproben,
ob und wie ihr euer
ursprüngliches Bewußtsein halten könnt
oder immer wieder findet,
andererseits habt ihr bei eurem Dienst
verschiedene Gesetze zu beachten.
Es wird euch oft so vorkommen,
als ob ihr ganz allein und
völlig abgeschnitten von allem seid.
Dies ist aber nicht so.
Zunächst werdet ihr nie
eure hohe Bewußtheit verlieren,
obwohl es in manchen Situationen
so ausschauen wird.
Euer Bewußtsein, das ihr einmal
erlangt habt,
werdet ihr nie ganz

vergessen können.

Ob ihr je wieder dorthin
zurückkehren werdet,
falls ihr es verliert,
liegt an euch und eurer Ausrichtung.
Das ist das große Risiko
dieser Aufgabe,
dieser Expedition!
Ihr habt euch entschieden und
so soll es sein.

Zum Abschied wollen wir
euch noch mit auf den Weg geben,
daß ihr nie allein sein werdet.
Ihr werdet direkt beschützt und behütet
von Samos und seiner Engelschar.
Außerdem steht ihr auch unter
unserem Schutz.
Aber der größte hilfreichste Gefährte
werdet ihr selbst,
so wie ihr jetzt vor uns steht,
für euch sein.
Ihr werdet euren Dienst
in Frieden beenden,
wenn ihr wieder im
voll erwachten Engelbewußtsein
auf der Erde walten könnt.
Das kann im stillen sein,
das kann als öffentliche Person sein
und ist nicht entscheidend.

Ihr werdet also verschiedene
Phasen durchlaufen.
Zuerst werdet ihr
vollkommen bewußt sein,
dann werdet ihr
mit der Zeit vergessen.
Dies ist die schmerzhafte Phase,
die aber auch wichtig ist.
Hiernach werdet ihr Wege
finden müssen,
wie ihr euer eigentliches
Sein zurückerobern könnt.
Bei all dem werdet ihr nie allein sein,
ob euch dies bewußt ist
oder nicht.

Und es wird Zeiten geben,
in denen es besonders leicht
sein wird, zurückzukehren.
Dies wird für euch so sein,
als ob laufend jemand ruft:
"Wacht auf, wacht auf."
Dann werdet ihr entscheiden können,
ob es für euch an der Zeit ist,
zurückzukehren oder ob ihr noch länger
auf der Erde bleiben wollt.

Stille senkte sich über die Meister der Ur-Sonne und die Engel der siebten Bewußtseinsstufe.

Alles ist gesagt, geliebte Kinder!
Wir entlassen euch nun.

Unser Segen ist mit euch
und wird immer mit euch sein.

Die Meister der Ur-Sonne verströmten ihre Liebe über die Engelschar, die tief berührt und voller Dankbarkeit über diese Worte war. Die Engel nahmen die Liebe, die sie als das größt- und höchstmögliche Geschenk ansahen, ganz in sich auf, und sie fühlten sich für ihre bevorstehende Aufgabe gewappnet und unverwundbar. Ja, sie kamen gar nicht auf die Idee, vielleicht verwundbar zu sein. Sie fühlten sich stark, sicher und erfüllt von dieser Liebe, die sie an Schwächere hingebungsvoll weitergeben wollten. So brachen sie auf in ihr Abenteuer, dem blauen Gefährten der Liebe und seinen Bewußtseinsfunken eine Hilfe zu sein.

Die Rückkehr zur Erde

Die Engel der siebten Entwicklungsstufe versammelten sich wieder und fokussierten ihr Bewußtsein auf die dritte Entwicklungsstufe, um sich dorthin zu projizieren. Bevor sie ihre eigentliche Aufgabe in Angriff nehmen konnten, mußten sie dem Engel Samos die Botschaft der Meister der Ur-Sonne überbringen:

"Engel Samos Kantar, die Meister der Ur-Sonne senden uns, um dir den Zepter der Ermächtigung zu überbringen. Du bist derjenige, der sich als würdig erwiesen hat, die Engel der ersten und zweiten Entwicklungsstufe bei der Aufgabe, den Planeten Erde, bei uns allgemein bekannt als der blaue Gefährte der Liebe, anzuleiten und zu überwachen. Ihr seid jetzt dafür zuständig, der Erde und den Bewußtseinsfunken in ihrer zukünftigen Entwicklung eine Hilfe zu sein, nachdem die Engel der siebten Entwicklungsstufe alles Wichtige vorbereitet haben.

Wir, eine Gruppe dieser Engel, werden freiwillig zurückkehren zur Erde, um von dort aus direkt zu dienen. Wir werden mit der Zeit eine immer dichtere Hülle annehmen, bis wir zuletzt wie normale Menschen erscheinen werden. Nach einiger Zeit werden einige von uns auf eure Stufe zurückkehren, bevor die anderen endgültig in den Kreislauf der Inkarnationen eingehen werden. Sie werden mit euch und vor allem mit dir, Samos Kantar, die anderen von uns auf der Erde unterstützen."

Die Engel sprachen weiter: "Du, Samos Kantar, bist ab jetzt der Verantwortliche für die Überwachung der Erde. Du bist der Engel-Lehrer für die Engel der ersten und zweiten Entwicklungsstufe, die der Erde zugeteilt sind. Wir werden mit dir oft in Verbindung stehen und du spielst für uns als Ansprechpartner eine wichtige Rolle."

Samos Kantar fühlte sich durch die Anwesenheit der Engelschar der siebten Entwicklungsstufe und dadurch, daß er für die Rolle eines Lehrers von den Meistern der Ur-Sonne ausgewählt worden war, hochgeehrt. Was die Engel der siebten Entwicklungsstufe ihm erzählten, klang für ihn phantastisch. Warum wollten diese strahlenden wundervollen Engel auf die Erde, auf einen physischen Planeten? Warum wollten sie das Glück, als Engel auf der siebten Entwicklungsstufe ihre Aufgaben erfüllen zu dürfen, hinter sich lassen? Sein Bestreben, sein größter Wunsch war es, höher zu steigen, sich immer mehr zu verfeinern und zu öffnen, und diese viel entwickelteren Wesen wollten den anderen Weg beschreiten. Verrückt! In ihm sammelte sich eine Frage, die er voller Respekt und Ehrfurcht an sie stellte:

"Engelschar der siebten Entwicklungsstufe, ihr meine Vorgesetzten, entschuldigt meine Beschränktheit, aber ich habe eine Frage an euch, die für mich und in gewissem Sinne auch für die richtige Ausführung meiner mir von euch übermittelten Aufgabe sehr wichtig ist."

Von den Engeln schallte es zurück: "Du darfst deine Frage an uns richten."

"Warum geht ihr diesen Weg zurück. Warum wollt ihr auf der Erde als einer von ihnen dienen?"

"Viele Faktoren spielen hierbei eine Rolle, geliebter Samos Kantar, aber die Hauptursache ist Liebe! Wir sahen, daß die Menschen, die ehemaligen Bewußtseinsfunken, soviel zu lernen und zu erfahren haben, und dabei wollen wir ihnen eine Stütze sein. Wenn du also nach dem Hauptgrund fragst – es ist die Liebe. Daneben haben wir selbst etwas Wichtiges bei dieser Aufgabe zu lernen."

Samos Kantar war erschüttert, und bedenkt hierbei wieder, liebe Leser, daß wir menschliche Worte für die Empfindungen eines Engels nehmen müssen. Er war tief berührt von ihrem Beweggrund und konnte nur erahnen, welch eine große und wichtige Entscheidung die Engel der siebten Entwicklungsstufe getroffen hatten.

Er verneigte sich tief und sprach: "Mit all meinen Kräften, mit all meinem Licht und meiner Liebe werde ich euch auf eurem Weg ein treuer und aufrichtiger Diener sein."

Die Engelschar der siebten Entwicklungsstufe formte einen Kreis um Samos Kantar, und sie alle verschmolzen miteinander zu einer Einheit aus Liebe. Aus diesem Austausch schöpften alle Kraft und Energie für das Bevorstehende, und für Samos war die Verbundenheit mit den Engeln der siebten Entwicklungsstufe hergestellt und besiegelt. Er fühlte sich tief geehrt, von den Engeln in ihrer Mitte aufgenommen worden zu sein. Für ihn war die Vorstellung etwas verrückt, ihnen vielleicht einmal eine Hilfe sein zu können – so wie er sie jetzt in ihrer ganzen Kraft und Stärke erlebt hatte. Aber falls dies wirklich einmal so sein sollte, würde er alles ihm mögliche tun.

Die Engel verabschiedeten sich von ihm, und er wandte sich seiner ihm bevorstehenden Aufgabe zu. Er rief die Engel der ersten und zweiten Entwicklungsstufe, die für die Überwachung und Unterstützung der Erde und ihrer Bewohner eingeteilt worden waren, zu sich und stellte sich ihnen, als ihr von den Meistern der Ur-Sonne ermächtigter Lehrer, vor. Er erklärte ihnen ihre Aufgaben und erzählte ihnen von der großen Liebe der Engel der siebten Entwicklungsstufe für ihre zukünftigen Schützlinge. Anschließend teilte er die Engel in die verschiedenen zu tätigenden Bereiche auf: zur Überwachung der Lage der Erde im Universum;

zur Überwachung und Energetisierung des Pflanzen- und Tierreiches; zur Überwachung, Anleitung und Energetisierung der Menschen und in viele weitere Teilbereiche.

Die Schar der Engel der ersten und zweiten Entwicklungsstufe, die wir ab jetzt die "Agampa-Engel" nennen wollen, verteilte sich in der Atmosphäre der Erdkugel und machte sich mit ihren Aufgaben vertraut. Unter ihnen herrschte eine klar aufgeteilte Struktur, die eine Gesamteinheit bildete. Die Engel der ersten Entwicklungsstufe waren der Erde am nächsten und direktesten. Sie waren die "dichtesten" Engel, die beständig Energie von den Engeln der zweiten Entwicklungsstufe zugeführt bekamen. Die Engel der zweiten Entwicklungsstufe hatten so etwas wie eine reinigende und überwachende Funktion für die Engel der ersten Entwicklungsstufe. Ihr Engel-Lehrer, Samos Kantar, wachte über ihnen allen, sandte ihnen Energie für ihre Aufgaben und gab ihnen Anweisungen und Ratschläge. Die Arbeit der Engel der ersten und zweiten Entwicklungsstufe war aber nicht voneinander zu trennen. Auf dieser Ebene kann man auch nicht von der höheren oder wichtigeren Arbeit der zweiten Entwicklungsstufe, im Vergleich zu der der ersten, sprechen. Die Energien beider waren wichtig füreinander und für das Gelingen ihrer Aufgabe. Deswegen wollen wir ihnen den gemeinsamen Namen die "Agampa-Engel" geben.

Dadurch, daß die Engel der siebten Entwicklungsstufe bereits darin geübt waren, Bewußtseinssprünge zu vollziehen, war ihnen diesmal die Transformation zur dritten Entwicklungsstufe leicht gefallen. Aber sie mußten sich noch weiter verwandeln. Wieder sammelten sie gemeinsam ihre ganze Energie, und sie fokussierten sich nun auf die erste Engel-Entwicklungsstufe. Diese Transformation war schon schwieriger und viele von ihnen waren zuerst verwirrt, taumelig – ja, wie schwindelig. Es dauerte einige Zeit bis sie sich auf dieser Ebene zurechtfanden, genauso wie sie es erlebt hatten, als sie sich zum ersten Mal auf die dritte Entwicklungsstufe begeben hatten. Auch jetzt ließen sie sich hierfür Zeit. Sie wußten, daß sie den Weg zur Erde langsam beschreiten mußten, denn er barg viele Gefahren in sich. Würden sie sich zu schnell verwandeln, bestände im Moment der Ankunft auf einer niedrigeren Bewußtseinsstufe immer die Gefahr, daß sie ihren eigentlichen Ursprung vergessen könnten, so als ob er nie für sie existiert hätte. Sie wußten um dieses Risiko, und sie gingen deshalb langsam und sorgfältig vor – ganz gemäß eines Engels der siebten Entwicklungsstufe.

Hatten sie sich erst einmal auf dieser neuen Ebene etabliert, machten sie sich vertraut mit der neuen Sichtweise und mit den dort arbeitenden Agampa-Engeln. Von dieser Ebene aus hatten sie eine ganz andere "Ansicht" von der Erde und den auf ihr wohnenden Lebewesen. Sie fühlten alles unmittelbarer, ja sie konnten sich direkt zwischen den Lebensformen bewegen, ohne von ihnen gesehen zu werden. Zunächst streiften die Engel gemeinsam über die Erde. Sie machten Bekanntschaft mit allen ansässigen Existenzformen – mit den Pflanzen und ihren zugehörigen Ernährern, den Naturwesen, mit den Tieren und ihren höheren Geistwesen und schließlich mit den Menschen und ihren Beschützern, den Engeln der ersten und zweiten Entwicklungsstufe, den Agampa-Engeln. Diese begegneten den Engeln der siebten Stufe, im Kleide der ersten Entwicklungsstufe, voller Respekt und Ehrfurcht. Für sie war deren Anwesenheit so etwas wie ein hoher Besuch. Aber mit der Zeit verloren sie ihre Scheu und Schüchternheit, und eine echte

Freundschaft entstand zwischen den unterschiedlichen Engeln. Gemeinsam bewunderten sie von ihrer Warte aus die Fruchtbarkeit und Fülle der Erde.

Für die Engel der siebten Entwicklungsstufe war es notwendig, daß sie einige Zeit auf dieser neuen Ebene verweilten, um sich dort ganz zu stabilisieren und zu fokussieren. Sie versammelten sich immer wieder und aktivierten gemeinsam ihr ursprüngliches Bewußtsein. Es wurde ihnen in dieser Zeit zur Gewohnheit und zur freiwillig eingehaltenen Regel, sich auf diese Art in ihr eigentliches Bewußtsein zurückzuversetzen und es zu stärken. Dadurch fiel es ihnen leicht, sich im Engelkörper der ersten Entwicklungsstufe zu bewegen, sich aber nicht mit ihm zu identifizieren und sich jederzeit vollkommen ihres höheren Daseins bewußt zu bleiben. Sie meisterten also diesen schwierigen Schritt der Transformation in gewissem Sinne wieder gemeinsam und unterstützten sich beim Erhalt ihres eigentlichen Bewußtseins der siebten Entwicklungsstufe. Aber sie wußten, daß sie auch diese Ebene verlassen und weiter hinabsteigen mußten. Sie wußten, daß die Zeit der Gemeinsamkeit bald vorbei sein würde!

Die Entscheidung diesen Weg zu beschreiten, war von jedem einzelnen ganz aus sich selbst heraus getroffen worden. Sie war in jedem von ihnen, unabhängig von den anderen, entstanden. Doch diese Entscheidung, der gemeinsam entschiedene Weg, hatte sie in einer Weise vereint, wie sie es noch nie vorher erfahren hatten. Sie waren miteinander in vollkommener reiner Liebe und Hingabe verbunden. Sie waren wie eins! Viele waren eins! Sie agierten wie eine Kraft und nicht wie viele Einzelwesen.

Ja, dieser Weg bestand aus vielen Lernsituationen! Immer wieder mußten sie sich neu orientieren, wenn sie eine andere Ebene betraten. Immer wieder mußten sie lernen, mit neuen Gefahren umzugehen. Aber so ist das Sein, liebe Leser und Zuhörer. Auch euer Leben besteht aus immer neuen Lernsituationen, nicht wahr? Nichts im Universum ist endgültig starr. Alles ist in gewissem Sinne mehr oder weniger fließend.

Die Engel der siebten Entwicklungsstufe waren also die besten Freunde füreinander. Doch die Zeit der Gemeinsamkeit ging schnell zu Ende. Sie spürten es alle. Noch einmal vereinten sie sich im gleichen Geiste und fokussierten sich dann auf die dritte menschliche Ebene, den Mentalkörper. Sie wußten, daß die Zeit, in der sie wie eins existiert hatten, vorbei war. Eine Phase brach nun an, in der sie lernen mußten, sich mit dem menschlichen Dasein vertraut zu machen und in der sie, verteilt über den ganzen Globus, ihre Energie kanalisieren, lenken und verströmen mußten. Die meisten von ihnen sollten dies allein oder in kleineren Gruppen tun, aber nicht mehr so wie zuvor alle gemeinsam. Ihr seht, in all der Zeit haben die Engel verschiedene Abstufungen von Gemeinsamkeit und Alleinsein durchlebt. Auf ihrer ersten Expedition hatten sie ganz andere Erfahrungen als auf der jetzigen gemacht. Innerhalb jeder Entwicklungsstufe gibt es die Erfahrung von Gemeinsamkeit oder Alleinsein, und jedes Mal wird sie anders wahrgenommen und erlebt.

Die Engel wußten, daß jetzt ein nächster Schwierigkeitsgrad von ihnen gemeistert werden mußte. Sie wußten, sie standen vor vielen neuen Aufgaben, bei denen sie sich nicht mehr mit ihrer gemeinsamen Kraft gegenseitig helfen konnten. Der nächste Schritt war also sehr viel schwieriger.

Aber sie waren wagemutige Wesen, diese Engel der siebten Entwicklungsstufe, und so fokussierten sie sich das letzte Mal gemeinsam auf die nächste Ebene ihrer Reise – auf die dritte menschliche Ebene. Sie wußten, nie mehr würden sie sich alle gemeinsam zur gleichen Zeit weiterentwickeln. Ab dieser Ebene mußte jeder selbst entscheiden, wann und wie er weitergehen würde.

Auf der Erde

Die endgültige Transformation

In der Zwischenzeit war das Leben auf der Erde fortgeschritten. Die Menschen hatten sich weiterentwickelt, wie auch das Pflanzen- und Tierreich. Die ehemaligen Bewußtseinsfunken waren nun vollkommen im physischen Körper "angekommen". Sie waren in ihm fokussiert und hatten gelernt, was dieser zum Überleben brauchte, was sie mit ihm tun konnten und was nicht.

Von Anbeginn des Daseins eines Menschen auf der Erde gab es seine physische Form. Diese ist nicht durch Evolution entstanden, wie es Wissenschaftler gern verkünden. Vom Affen zum Menschen, nein, so war es nicht! Wenn es damals so gewesen wäre, müßte diese Evolution nicht auch heute weiterhin vor euren Augen stattfinden?! Die physische Form des Menschen ähnelte allerdings etwas der eines Menschenaffen, was durchaus keine Beleidigung ist. Alles war damals einfach ursprünglich und am Anfang einer Entwicklung. Es gab keine Kleider, wie ihr sie tragt, und der Mensch war körperlich nicht so empfindlich, wie ihr es heutzutage seid. Sein Körper war jung, frisch und stark. Das mußte er sein, damit er überleben konnte. In gewisser Form erschien der physische Körper grob, so würdet ihr es wenigstens aus eurer Sicht sagen. Der Knochenbau war generell etwas fester, stabiler, gröber und die Haut war mehr behaart. Ja, der damalige Mensch erschien wirklich mehr wie ein Tier und war doch ganz anders. Er war kein Tier, er war Mensch! Aber in dieser Phase hatten beide viele Ähnlichkeiten. Der Mensch lebte sehr stark aus Überlebensinstinkten heraus, was auch nötig war. Er war vollkommen mit seinem Körper identifiziert und getrieben von dem Drang, diesen zu ernähren und zu erhalten. Größtenteils durchstreiften die Menschen bestimmte Gebiete. Sie hielten sich dort auf, wo sie Nahrung fanden. Wie achtsame Tiere waren sie, immer auf der Hut, denn sie hatten gelernt, daß es stärkere Wesen als sie gab. Die Menschen lebten in kleinen Gruppen zusammen, manche von ihnen auch lange Zeiten alleine. Aber sie merkten, daß sie gemeinsam eine größere Kraft waren und daß vieles auf diese Art leichter war. So entstanden überall auf dem Globus Stämme, die je nach ihrer Lage ihre eigene Wohnkultur entwickelten. Manche lebten in Höhlen, manche in Bäumen, andere in primitiven Hütten am Strand. Die Erde bot ihnen überall reichlich Nahrung in fester und flüssiger Form. Alles war für sie vorhanden.

In diese Situation hinein erschienen die Engel der siebten Entwicklungsstufe in der Form eines menschlichen Körpers der dritten Ebene. Wir sagten bereits, daß ein Bewußtseinsfunke alles in sich trug, was er als Mensch brauchte. Er hatte einen physischen Körper, aber er hatte auch Gefühle, die zur zweiten Ebene und Gedanken, die zur dritten Ebene gehörten. Zwar waren diese noch sehr unterentwickelt, aber doch vorhanden. Die Engel wählten für sich zunächst die dritte menschliche Ebene aus, weil diese die höchstschwingenste von allen war. Sie nahmen einen Mentalkörper an und belebten ihn mit ihrer gesamten ihnen zur Verfügung stehenden Engelenergie, soweit dies möglich war. Diese Erfahrung war für sie ein Schock! Oh, wie sie alle am Anfang litten! Es war anstrengend für sie, sich im menschlichen Mentalkörper zurechtzufinden. Ihre Transformation wurde von Schritt zu Schritt schwieriger, weil es ihrem Empfinden nach immer enger wurde.

Viele von ihnen begannen, in dieser Phase bereits zu denken. Das verwundert euch jetzt, liebe Leser, weil das beinhaltet, daß sie vorher nicht gedacht hatten. Ja, auf diese Art hatten sie bisher nicht "gedacht". Denken ist eine Spezialität und Qualität des Mentalkörpers des Menschen und kommt in diesem Sinne nur dort vor. Natürlich sind Engel keine "kopflosen" oder "hirnlosen" Wesen, im Gegenteil, sie besitzen sogar eine höhere Fähigkeit des Denkens, die nicht als denken bezeichnet wird. Nun ist es sehr schwierig, Dinge zu erklären, die wir in euren Worten eigentlich gar nicht ausdrücken können. Deswegen wollen wir es dabei belassen, daß einige von ihnen begannen, darüber nachzudenken, ob es richtig gewesen war, sich für diesen Dienst auf der Erde entschieden zu haben. Das war bereits eine menschliche Regung in ihnen und bedeutete, daß in einigen Zweifel entstanden. Sie litten, und am Anfang mußten sie sich große Mühe geben, damit sie sich auf dieser Ebene etablieren und gleichzeitig ihr ursprüngliches Bewußtsein, das ihnen sehr weit entfernt vorkam, wiederfinden konnten.

Was sollten sie tun? Wo waren all die anderen? Wie sollten sie sich je in solch einem Körper zurechtfinden? Wie konnten sie ihr ursprüngliches Bewußtsein stabil verankern? Diese Fragen spiegeln ihre erste Verwirrtheit wider. Aber mit der Zeit, nach dem ersten Schock, kehrte langsam ihre Ruhe und Gelassenheit zurück. Sie erinnerten sich, daß es bisher auf ihrem Weg immer derartige Verwirrungsphasen gegeben hatte. Dadurch wurden sie ruhiger.

Wie schon gesagt, die Schar der Engel war über die ganze Erde verteilt. Manche waren allein, manche in Gruppen. Aber alle litten unter der Trennung von ihrem einstigen Bewußtsein und dem Verlust einer Verbundenheit untereinander, so widersinnig es ihnen selbst erschien, weil sie sich mental jederzeit in ihrem gemeinsamen Engelbewußtsein verbinden konnten. Früher waren sie jedoch über ihre Engelkörper mehr miteinander vereint gewesen als jetzt, oder sie empfanden dies wenigstens so.

Langsam verstanden sie aber, daß sie wieder einmal in einer schwierigen Übergangsphase waren, in der sie Geduld mit sich haben mußten. Sie wußten, daß alles seine Zeit braucht. Würden sie sich diese nehmen und keine übereilten Dinge in die Wege leiten, würden sie sich auch auf dieser Ebene einpendeln. Aber eine gewisse Traurigkeit war schon in ihnen vorhanden. Mit großer Macht spürten sie, daß ihr Engeldasein in den Hintergrund trat und ein neues Dasein immer mehr und mehr präsent wurde. Es war für sie eine Zeit des Abschiednehmens, obwohl sie sich regelmäßig mit ihrem ursprünglichen Bewußtsein der siebten Engel-Entwicklungsstufe verbanden.

Sie hatten sich für ein Menschendasein entschieden, und nun mußten sie alle Konsequenzen dieser Entscheidung tragen! Dafür standen sie ein. Außerdem begrüßte sie die Erde freudig in ihrer Atmosphäre. Mit den Agampa-Engeln standen sie in regem Austausch und Samos Kantar beschützte sie mit gütigen Augen – ach, und da waren auch die Meister der Ur-Sonne, die ihnen einst versprochen hatten, daß sie unter ihrem Schutz stehen würden. Doch sie erschienen ihnen in diesem Zustand so weit weg. Trotz allem war es für sie ein Trost und ein Ansporn, sich mit dieser Unterstützung wieder ganz auf ihre Aufgabe, auf ihren frei entschiedenen Weg zu fokussieren.

Aus dieser Lage heraus nutzten sie vollkommen alle Fähigkeiten eines Mentalkörpers und lernten, ihn auszubauen und zu verfeinern. Sie entwickelten ihn bis zum Optimum, wodurch sie sich jederzeit, ob im Mentalkörper oder rein über die Gedankenkraft, treffen und austauschen und über nächste Schritte beratschlagen konnten. Dadurch erfuhren sie, daß sie ja doch nicht völlig abgetrennt voneinander waren, und sie kommunizierten eifrig um den Erdball herum. Sie richteten es sich so ein, daß sie zur selben Zeit, jeder an seinem Ort, gemeinsam in ihr Engelbewußtsein eintauchten. Dies war von einer höheren Warte aus herrlich anzusehen, denn dadurch brachten sie strahlende Engelenergie auf die Erde, die in diesem Moment hell erleuchtete. Die Engelgruppe erfüllte also ihre Aufgabe im dritten menschlichen Körper bereits hervorragend, und sie stabilisierten sich zunehmend in ihm.

Ihre nächste Aufgabe war es, alles auf der Erde dafür vorzubereiten, um mit der Zeit ein physisches Gefährt annehmen zu können. Was würden sie dazu benötigen, und wie müßte es sein, damit es ihnen gefallen würde? Dies waren ihre Gedanken, die sie allein und gemeinsam verfolgten. Ihnen war klar, daß sie, als Schutz vor den Witterungen, Gebäude brauchen würden. Zusätzlich wollten sie Gebäude errichten, die die besonderen Plätze der Erde verstärken, kräftigen und ehren sollten. Sie wurden also zu Baumeistern, und eine große Kreativität entwickelte sich in ihnen. Dabei setzten sie in ihrer Vorstellung alle Formen ein, die es auch im Mineralienreich gab und die für die Erde harmonisch waren. Alle Bauten sollten später einmal, wenn sie auf der Erde in einem physischen Körper weilen würden, ganz in Harmonie mit der Natur sein. Nichts sollte sich in harter, aufdringlicher Weise von ihr absetzen, und sie sollten wie ein Teil von ihr sein. Herausragendere Gebäude sollten dagegen spezielle Funktionen erfüllen, wie z.B. kosmische Energien auf der Erde verankern oder speichern, andere sollten Treffpunkte für Engel werden. In diesen Gebäuden, die aus

Materialien mit hoher Speicherkapazität bestehen sollten, wollten sie sich in ihr ursprüngliches Bewußtsein zurückversetzen.

In den Engeln mußten sich darüber aber zunächst Bilder formen. Langsam kristallisierte sich in ihnen, wie einmal alles aussehen sollte. Es ging ihnen immer besser, je mehr sie sich ihrer Kreativität hingaben. Ja, sie war es, die es den Engeln leicht machte, sich mit der Mentalebene ganz zu verbinden. So kommunizierten die Engel eifrig miteinander und beratschlagten sich über Formen, Materialien und über geeignete Plätze. Sie schmiedeten auf der Mentalebene viele Pläne, bis sich Konkreteres in ihnen kristallisierte.

Mit der Zeit wurden sie wagemutiger und abenteuerlustiger. Manche von ihnen aktivierten bereits die zweite menschliche Ebene – die Astralebene – und machten sich damit vertraut. Gefühle wurden somit entdeckt. Ein Spektrum davon war ihnen ja bereits vertraut, Liebe und Mitgefühl, und dieses lebten sie auch jetzt weiter. Langsam wurden sie zu einem Zwitterwesen – Engel und immer mehr Mensch. Aber sie waren noch nicht ganz Mensch!

Mit der Astralebene hielten sie sich nicht so lange auf oder besser gesagt, es fiel ihnen nicht so schwer, sich mit ihr zu arrangieren – sie liebten einfach. Es war ihnen bewußt, daß es keine so weite Liebe, wie die, die sie auf der siebten Engel-Entwicklungsstufe erlebt hatten, war, aber das war nicht so wichtig, *denn die Essenz von Liebe ist immer gleich.*

Der schwerere Schritt war es für sie gewesen, sich auf der Mentalebene zu etablieren. Von der Mental- zur Astralebene zu gelangen war für sie leichter und fließender, da sie sich an etwas Bekanntes halten konnten. Durch die zusätzliche Erfahrungsebene des Gefühlsspektrums, der Liebe, wurden ihre Baupläne erweitert. Manche wurden sogar verworfen, andere in kleinen Details verändert, und manch andere waren auch auf dieser Ebene perfekt.

Nach einer gewissen Zeit hatten alle Engel rund um den Globus die Astralebene für sich aktiviert. Allen fiel es relativ leicht. So waren sie also bereits ein fast komplettes menschliches Wesen mit einem mentalen und astralen Körper, die beide miteinander fest verschmolzen und verwoben waren und die beide das höchste Potential, das auf dieser Ebene möglich ist, verwirklichten. Das höchste Potential für den Mentalkörper ist es, angeleitet zu werden von der nächsthöheren Stufe, der spirituellen Ebene, im Falle unserer Zwitterwesen war es im Grunde die siebte Engel-Entwicklungsstufe. Das höchste Potential für den Emotionalkörper ist allumfassende Liebe!

Beides verkörperten die Engel der siebten Entwicklungsstufe. Sie befanden sich nun im Endstadium ihrer Transformation und wir sagten bereits, sie waren wie Zwitterwesen – halb Engel, halb Mensch, wobei dies nicht ganz korrekt ist, da sie damals nie vergaßen, wer sie ursprünglich waren. Da wir das Wort "Zwitterwesen" nicht ideal finden für unsere geliebten Engel, werden wir sie für das weitere Geschehen in dieser Geschichte "die Archantayas" nennen. Dieser Name wird ein Synonym sein für unsere Engelgruppe der siebten Entwicklungsstufe, die als Menschen auf der Erde dienen.

Als nächstes machten unsere Archantayas Expeditionen auf die physische Ebene, aber zunächst nur auf die feinste Stufe der Physis! Sie visualisierten sich einen feinstofflichen Körper, natürlich denselben, den auch die Bewußtseinsfunken hatten und der ideal an den Planeten angepaßt war. Einen Ätherkörper von der Mentalebene aus zu visualisieren und in Besitz zu nehmen fiel ihnen einerseits leicht, andererseits schwer. Leicht war die Visualisierung, darin waren sie mehr als perfekt. Schwer war die Inbesitznahme und Koordination. Auf den anderen Ebenen war Bewegung gleichbedeutend mit den Gedanken oder Gefühlen. Hier auf dieser Ebene mußte erst die Masse des Körpers, obwohl sie sich ja noch im physisch feinsten Anteil aufhielten, bewegt werden. Damit dies besser verständlich wird, möchten wir euch den Unterschied zwischen der Mental- und der physischen Ebene verdeutlichen. Dachte sich der Mentalkörper der Archantayas an einen Teil der Erde, so war er dort. Dies war anders mit dem physischen Körper, da er erst dorthin bewegt werden mußte. Die Archantayas mußten sich also mit neuen Gesetzmäßigkeiten vertraut machen, und es war eine äußerst intensive Lernzeit für sie! Bei ihren Exkursionen von der Mental- zur Emotional- und zur physisch feinstofflichen Ebene überprüften sie auch immer alle ihre Baupläne auf der physischen Ebene.

Für die Menschen waren sie in dieser ganzen Zeit unsichtbar. Es war damals so, als ob zwei Welten oder zwei unterschiedliche Geschehnisse parallel nebeneinander auf der Erde existierten und stattfanden.

Es kam der Zeitpunkt, an dem sich die Archantayas, unabhängig voneinander und nicht alle zur gleichen Zeit, fest auf den drei menschlichen Bewußtseinsebenen etabliert hatten. Sie wollten nun ihre Pläne auf der Erde verwirklichen, was bedeutete, daß sie ihre geistigen Baupläne auf der physischen Ebene Wirklichkeit werden lassen wollten. Eine Gruppe von Archantayas bildete dann einen Kreis und fokussierte ihre gesamte Geisteskraft, die ein offener Kanal für ihre Engelenergie war, auf einen bestimmten Platz der Erde, und alle Mitglieder ließen das geistige Bild des entsprechenden

Gebäudes in allen Details entstehen. Danach lenkten sie die Engelenergie in ihre Emotionalkörper und von dort an den Platz der Erde zu dem geistigen Gebäude – Emotionalenergie der höchsten Stufe belebte dieses geistige Bild und wurde von ihr durchpulst. Hiernach lenkten sie Engelenergie in ihre physisch feinstoffliche Ebene, soweit dies ging, und sie sandten wiederum physische Lebensenergie an den Platz der Erde, zu dem geistig erschaffenen Gebäude, das durchpulst war von höchster Emotionalenergie und nun zusätzlich aufgefüllt wurde mit physischer Lebensenergie. So entstand ein "organisches" Gebäude. In gewisser Form "lebten" diese Bauwerke. Sie vibrierten vor Energie und waren die idealen Heimstätten für unsere Archantayas, denn sie erleichterten es ihnen, sich immer mehr mit dem physisch menschlichen Dasein vertraut zu machen. Zu eurer Information, liebe Leser, Gebäude und Archantayas waren immer noch nicht sichtbar, da sie es genossen, sich bis zu ihrer endgültigen Transformation Zeit zu nehmen. Sie alle hatten sehr viel Freude an der Erschaffung dieser Stätten.

Sie spielten und ihre Leichtigkeit kehrte zurück, je mehr sie sich auf der menschlichen Ebene zurechtfanden. Wenn wir sagen, daß sie spielten, meinen wir damit unter anderem, daß sie zwischen den unterschiedlichen Ebenen "hin- und herhüpften", wie es ihnen Vergnügen bereitete. Was sie auch gerade sein wollten, ob ein geistiges, emotionales oder physisches Wesen oder manchmal natürlich auch alles zusammen in vollkommener Harmonie – sie konnten es frei entscheiden. Zwischendurch versetzten sie sich in ihr ursprüngliches Engelbewußtsein, aktivierten es und schöpften Mut, Hoffnung und Kraft daraus. Durch all dies wurden sie nach dieser anstrengenden, viele Gefahren beinhaltenden Transformation wieder zu leichten fließenden Wesen.

Sie hatten gelernt, ihr ursprüngliches Wesen, wenigstens soweit dies möglich war, auf der neuen Ebene auszudrücken. Und dieser Ausdruck war jetzt frei und überschäumend!

Die Archantayas bewohnten nun ihre herrlichen Gebäude und richteten sich auf der Erde ein. Nur der letzte Schritt war noch zu vollziehen, aus dem physisch feinstofflichen mußte sich der feste Körper formen. Nach all den vielen Realisierungsschritten, die sie bereits erfolgreich gemeistert hatten, fiel es ihnen nicht schwer, auch diesen letzten zu vollbringen.

Wir sagten ja bereits, daß die verschiedenen menschlichen Bewußtseinsebenen von den Archantayas zu unterschiedlichen Zeiten, je nach ihrem Empfinden und ihrer Bereitschaft, aktiviert und angenommen wurden. Genauso war es auch mit der Aktivierung des physisch festen Körpers. Manche von ihnen fühlten sich als Gruppe dazu bereit, andere entschieden alleine, daß die Zeit für sie angebrochen war, "auf der Erde zu erscheinen". Dies bedeutete, daß sie einen festen Körper annahmen und somit sichtbar waren. Da sie bereits Bekanntschaft gemacht hatten mit dem Ätherkörper, der das Lichtdoppel des festen Körpers ist, das diesen ernährt, war die eigentliche Inbesitznahme des physisch festen Körpers für sie kein großer Akt der Transformation, sondern eher der letzte Schritt zur Vervollkommnung dessen, was sie sich gewünscht hatten. Es war auch kein endgültiger Schritt, da sie sich damals zwischen den unterschiedlichen Ebenen leicht bewegen konnten. Wurde es ihnen im physischen Körper zu eng, fokussierten sie sich auf eine höhere Ebene, in der sie sich leichter und freier fühlten. Sie wußten, daß der physisch feste Körper ihr Gefährt ist, das ihnen ermöglichte, sich direkt auf der Erde unter den Menschen zu bewegen. In dieses Gefährt, das sie sich geschaffen hatten, ließen sie ab jetzt immer häufiger ihr Bewußtsein, das es belebte und aktivierte, fließen.

Natürlich brauchte es wieder eine Lernphase, um sich damit zurechtzufinden, wie dieses Gefährt zu lenken war. Aber die Archantayas standen vor anderen Problemen, als die einstigen Bewußtseinsfunken bei der Inbesitznahme ihres physischen Körpers. Die Archantayas mußten nicht lernen, daß sie mit einem physischen Körper nicht in eine tiefe Schlucht springen durften oder daß ihr physischer Körper essen mußte. Ihr Körper war ein perfektes Vehikel ihres hochentwickelten Willens. Er tat alles, was sie wollten. Er war perfekt, rein und ein vollkommener Ausdruck ihres eigentlichen Ursprungs. Ihr physischer Körper brauchte keine feste Nahrung, sondern wurde direkt von Prana ernährt. Insoweit waren die physischen Körper von Archantayas und Menschen gleich und doch funktionierten sie etwas anders. Beides ist jedoch möglich.

Blicken wir zurück, jetzt da die Transformation vollbracht ist, so können wir feststellen, daß die letzten Schritte nicht die schwersten für die Engel der siebten Entwicklungsstufe waren. Eher die allerersten Schritte waren die schwierigsten gewesen, wie z.B. die Transformation von der siebten zur dritten Engel-Entwicklungsstufe oder von der ersten Engel-Entwicklungsstufe zur dritten menschlichen Ebene, dem Mentalkörper.

Diese Engel hatten viele Schwierigkeiten bewältigt, und wir können sagen, daß sie langsam zu Meistern der Transformation geworden waren! Viele Gefahren hatten sie auf dem Weg bestanden. Aber alle – ja alle, liebe Leser, hatten diese schwierige Aufgabe gemeistert. Nie hatten sie in all der Zeit ihr Ziel und ihre Aufgabe aus den Augen und aus dem Herzen verloren. Immer hatte sie ihre Liebe angetrieben, weiterzugehen. Sie war der Motor gewesen, all die vielen Mühen und Gefahren auf sich zu nehmen. Immer waren sie sich der Anwesenheit der Agampa-Engel und Samos Kantars bewußt gewesen, und sie waren mit diesen in regem Austausch gestanden. In ihren Rückverbindungen mit ihrem eigentlichen Bewußtsein hatten sie sehr oft die Präsenz der Meister der Ur-Sonne gespürt. Ja, sie hatten zu dieser Zeit öfters Audienzen mit den Meistern der Ur-Sonne gehabt als jemals zuvor, da diese ihnen Kraft und Energie für ihre großen Aufgaben senden wollten. Zwischendurch war in ihnen zwar immer wieder Agonie über die fortschreitende Enge entstanden, aber sie hatten gelernt, damit umzugehen. Sie hatten immer gewußt, daß sie eine physische Form annehmen mußten, wenn sie den Menschen eine direkte, greifbare Unterstützung bieten wollten. Das bedeutete, auf ihre Ebene zu schreiten und einen physischen Körper anzunehmen. Dieses Dasein war selbstverständlich anders, als z.B. das auf der ersten, zweiten oder dritten Engelebene. Es war in gewissem Sinne enger und dichter und die Archantayas verstanden nun, daß ihr Empfinden von Enge ganz natürlich war.

Alle hatten also ihre Transformation erfolgreich abgeschlossen! Jeder zu unterschiedlicher Zeit, aber irgendwann hatte es jeder von ihnen geschafft. Keiner hatte sich auf dem Weg verloren. Keiner von ihnen war stehengeblieben. Es war Zeit sich zu freuen, zu feiern, zu spielen und zu tanzen! Da ihre Leichtigkeit zurückgekommen war, konnten sie dies auch in vollem Maße tun.

Sie stimmten ein in den Gesang des Goldenen Zeitalters der Erde. Sie spielten mit den Devas des Pflanzenreiches und flogen mit den Vögeln im Aufwind einer frischen Brise. Langsam ließen sie ihre Gebäude aus dem Unsichtbaren, aus dem Feinen, in das Sichtbare, das Feste, treten und auch sie erschienen immer öfter als feine edle Gestalten in menschlicher Form. Auch wenn sie sich wieder ins Feine zurückversetzten, auch wenn das Feste noch nicht endgültig war, so können wir doch sagen:

Es war vollbracht
und die eigentliche Reise
konnte nun beginnen!

Aber einen großen Teil ihrer Aufgabe, einen schweren Teil, hatten alle Engel der siebten Entwicklungsstufe erfolgreich gemeistert!

Das Goldene Zeitalter

Wir sprachen bereits vom Goldenen Zeitalter der Erde und von ihrem damaligen Reichtum und ihrer Fülle. Nun kam zu diesem Überfluß noch die Anwesenheit der zeitweise verkörperten Archantayas und ihrer Gebäude hinzu. Es war wahrlich ein goldenes Zeitalter! Die Gebäude waren, wie bereits angesprochen, so konzipiert worden, daß sie sich vollkommen in die Natur einfügten. Sie waren nie Stein auf Stein erbaut, sondern von der geistigen Ebene aus Schritt für Schritt materialisiert worden.

Die Archantayas hielten sich jetzt bereits oft in ihren physisch festen Körpern auf und machten sich mit ihnen vertraut. Wann immer sie aber Lust verspürten, "leichter" zu sein, wechselten sie in eine dementsprechende Ebene – und zwar in eine ätherische, astrale, mentale oder manchmal sogar spirituelle Ebene. Sie waren inzwischen wirklich Meister der Transformation. Hatten sie sich erst einmal mit einer Ebene angefreundet, fiel es ihnen sehr leicht, sich dort aufzuhalten, aber sie besaßen auch die Fähigkeit, diese wieder mühelos zu wechseln. Sie waren eben fließende Wesen, unsere geliebten Archantayas.

Für die gleichmäßige Verteilung ihrer Energie war es wichtig, daß sie über den ganzen Erdball verstreut waren. Aber auf einem Kontinent waren besonders viele von ihnen versammelt, und dort wurde die erste Hochkultur erschaffen. Dieser Kontinent war der ihnen am geeignetsten erscheinende Platz, mit der günstigsten und stärksten Energie. Wir wollen diese erste Kultur "Ur" nennen, und sie ist, im wahrsten Sinne des Wortes, die Wiege der Menschheit.

Die Archantayas hatten von den Meistern der Ur-Sonne die bestimmte Auflage bekommen, wie ihr euch vielleicht erinnern könnt, die Menschen niemals direkt zu beeinflussen oder gar zu manipulieren. Sie durften sich aber so ausdrücken, wie sie waren. Das taten sie bereits, indem sie diese wunderbaren Gebäude erschufen und indem sie sich auf der Erde langsam immer öfter zeigten. Schritt für Schritt verfeinerten und ergänzten sie ihre Häuser und Stätten, in denen sie sich aufhielten. Sie erfanden Dinge für das tägliche Leben, wobei dies sehr begrenzt war, da sie noch nicht vollkommen im physisch festen Körper etabliert waren und z.B. nicht aßen oder schliefen. Sie lebten immer noch von Prana und kannten es nicht, müde zu sein, sich ausruhen oder gar schlafen zu müssen. Somit führten sie ein ganz anderes Leben, als ihr es kennt. Ansonsten waren die Archantayas einfach auf der Erde präsent.

Für einen heutigen Bewohner der Erde ist es sehr schwer vorstellbar, was es bedeutet, "da zu sein". Für die Archantayas hieß es, daß sie auf den Pulsschlag der Natur hörten. Sie erfanden Gedichte und Lieder, in denen sie ihrer Freude am Leben Ausdruck verliehen und erschufen eine heilige Sprache, die "Ur-Sprache" der Menschheit. Für sie war alles heilig und ein Ausdruck des Göttlichen. Alles, was sie erschufen, sollte dem Göttlichen gerecht werden.

Es entstanden viele Gruppen, von denen eine sich ganz dem Erfinden der "Ur-Sprache" der Menschheit widmete. Eine andere Gruppe von Sängern verwirklichte in ihren Liedern einen Ausdruck göttlicher Musik, und Dichter verfaßten großartige Epen. Andere wiederum erforschten die Natur und Pflanzenwelt. Alle ihre Lebensbereiche waren erfüllt von Gesang und Freude. Regelmäßig versammelten sie sich, um sich im physisch festen Körper gemeinsam in ihr ursprüngliches Wesen zurückzuversetzen. Dies war eine große Hilfe für alle, da sie sich dadurch gegenseitig unterstützten, einerseits im physischen Körper, andererseits gleichzeitig in ihrem wahren Wesen fest verankert zu sein. Die Erde und die Archantayas verströmten zu dieser Zeit ein köstliches Aroma, eine wunderbare Melodie ins Universum. Beide lebten im völligen Einklang miteinander und achteten, liebten und respektierten sich.

Es blieb natürlich nicht aus, daß es zu Begegnungen zwischen Archantayas und Menschen kam. Aber zunächst fiel es den Menschen schwer, die Archantayas, als diese sich noch häufiger im ätherischen als im physisch festen Körper aufhielten, überhaupt wahrzunehmen. Je mehr sie sich jedoch im physisch festen Körper etablierten, desto leichter waren sie auch für die Menschen sichtbar. Diese waren zunächst von ihrer Erscheinung wie geblendet. Die Menschen erschraken vor diesen lichtvollen edlen Gestalten. So etwas hatten sie noch niemals gesehen. Waren es auch Menschen wie sie, waren es Tiere, oder was waren diese sich bewegenden strahlenden Wesen? Sie konnten sie in keine Kategorie einordnen, da sie bisher keine Erfahrungen mit ihnen gesammelt hatten. Die Menschen waren noch eine Art "Tabula rasa", da sie ohne innere Schemata, Muster oder Strukturen waren. Sie kannten nur das Leben in und mit der Natur. Sie wußten, sie mußten Nahrung suchen, finden und essen, und sie mußten sich vor manch anderen Wesen, den Tieren, in Schutz nehmen. Somit war ihre erste Reaktion auf die Archantayas die Flucht. Anderes kannten sie nicht, auf nichts anderes konnten sie in sich zurückgreifen. Ihr Instinkt wählte die Flucht! Und die Archantayas ließen sie gewähren und verstanden dies.

Aber trotz der vollkommenen Verschiedenheit fühlten sich die Menschen von ihnen angezogen, und aus ihren Verstecken heraus versuchten sie, einen Blick auf die Gebäude und die seltsamen Wesen zu erhaschen. Dadurch, daß die Archantayas sie vollkommen gewähren ließen, sie zu beobachten, zu fliehen und wieder zu kommen, sammelten die Menschen Mut und näherten sich ihnen schon einmal, um sie eingehender zu betrachten. Im Grunde wurden die menschlichen Wesen magisch angezogen von den menschlichen "Engeln". Nie kamen die Archantayas zu den Menschen, weil sie diese nicht erschrecken wollten. Immer kamen die Menschen zu den Archantayas und nahmen auf ihre Art Kontakt auf. Die Zeit der Annäherung begann!

Hierbei gab es herrliche Szenen. Einmal stand ein Archantaya in einem munter sprudelnden Fluß und genoß das Gefühl des Wassers auf seiner Haut. Er sang mit dem Wasser und tanzte mit der Sonne und den Wellen des Flusses und war so ein vollkommener Ausdruck der Fülle der Erde. Hinter Büschen hatte sich eine Gruppe von Menschen versteckt und beobachtete dieses wunderschöne Wesen, das sie in große Aufregung versetzte. Sie stießen wilde aufgeregte Töne aus. Für sie war ein sprudelnder Fluß gefährlich, auf keinem Fall durfte man sich in ihn hineinstellen. Sie bewunderten dieses Wesen für seinen Mut und es spornte sie an, dasselbe einmal zu versuchen.

Der im Fluß tanzende Archantaya fühlte natürlich die Präsenz der Gruppe und ließ sich nicht von ihr stören. Ja, er tanzte und sang auch für sie! Die Menschen lernten also zunächst aus der Distanz heraus von den Archantayas, aber Mutige begannen, sich ihnen immer öfter zu nähern. Diejenigen, die sich dies trauten, wurden liebevoll empfangen, wobei ihr Wunsch nach Distanz immer respektiert wurde.

Schließlich kam es zu der ersten Handreichung zwischen Archantayas und Menschen, und die ersten Treffen fanden statt. Man lernte sich kennen, indem man sich gegenseitig wahrnahm und die Energie des anderen spürte. Den Archantayas waren die Menschen ja bereits vertraut, umgekehrt war es nicht so. Aber sie lernten die Menschen durch diese Treffen noch besser kennen. Sie wollten ihnen helfen. Nur, wo sollten sie ansetzen, und was genau konnten sie tun? Dies erkannten sie bei den Begegnungen, indem sie sich ganz in das Wesen der Menschen hineinfühlten und Ideen in ihrem Inneren hochsteigen ließen, die ihnen zeigten, wie sie diese beim nächsten Schritt in ihrer Entwicklung unterstützen konnten.

Die Archantayas gingen mit den Menschen so vorsichtig um, wie mit einem scheuen Reh und eroberten sich langsam ihr Vertrauen und eine kindliche Hingabe. Spielerisch, wie sie waren, lehrten sie die Menschen ihre Wortklänge und Töne und brachten ihnen Verständigungslaute und einfache Lieder bei. Es gab keine Eile und nichts Bestimmtes zu tun – außer lernen und spielen. Es herrschte kein Druck oder Streß, wie ihn der heutige Erdenmensch kennt. Kein spezieller Lebenssinn mußte erfüllt werden – außer "da zu sein", sich am Leben zu freuen und es zu genießen. Alles weitere, wie das Lehren und Erziehen, war Teil des Spiels und des Genießens. Dadurch entstand mit der Zeit ein sehr harmonisches Zusammensein zwischen Menschenwesen und Archantayas.

Dieses Zusammenleben war in etwa mit dem Verhältnis von Mutter und Kind zu vergleichen. Die Archantayas liebten die Menschen aufrichtig, und in ihrem Wesen kreiste hauptsächlich die Frage, wie sie sie noch besser umsorgen und unterstützen konnten, ohne aufdringlich zu sein. Sie taten alles für sie und schenkten ihnen das, was für eine gute Erziehung nötig ist: Liebe, Respekt und Raum zur Entfaltung einer eigenen Persönlichkeit. Die Archantayas standen den Menschen zur Verfügung, wann immer diese zu ihnen kamen. Die Menschen wiederum verehrten die Archantayas mit kindlicher Unschuld. Oft brachten sie bei ihren Besuchen Blumen mit, die sie zu Füßen der Archantayas niederlegten. Die Menschen zeigten ihnen dadurch ihre aufkeimende Liebe, was bedeutete, daß Emotionen in ihnen angeregt wurden. Aber vor allem erfüllte die Menschen großer Respekt vor den leuchtenden Gestalten. Intuitiv erfühlten sie, daß diese sie mit einem Schlag vernichten könnten, wenn sie es nur wollten. Es war ihr Instinkt, der ihnen dies mitteilte, so wie er ihnen mitteilte, daß ein hungriger Löwe gefährlich ist.

Die Menschen nahmen instinktiv wahr, daß die leuchtenden Gestalten tausendfach stärker waren als sie, selbst wenn diese zartere Gliedmaßen hatten. Deswegen hatten sie große Ehrfurcht, manchmal sogar etwas Angst vor den Archantayas. Diese nahmen deren Gefühle wahr und respektierten sie verwundert. Überhaupt lernten die Archantayas durch die Menschen langsam eine große Gefühlspalette kennen. Da sie ständig in Liebe, Freude und Glück verankert waren, waren sie etwas "einseitig" orientiert. Durch die Wahrnehmung all der Gefühle der Menschen entdeckten sie langsam die vielen anderen Möglichkeiten, die im Gefühlsbereich noch existieren können.

Hier möchten wir euch, liebe Leser, noch einmal verdeutlichen, was sich zur damaligen Zeit auf dem blauen Gefährten der Liebe abspielte. Wir möchten es mit dem Ausspruch umschreiben: "Himmel und Erde trafen sich." Das Potential der Engel der siebten Entwicklungsstufe, transformiert, soweit dies möglich war, auf eine menschliche Ebene, traf auf das Potential einstiger Bewußtseinsfunken, die ganz am Anfang ihrer Entfaltung standen. Ein sehr hochentwickeltes Potential traf auf ein ganz junges, noch unentwickeltes. Feinheit traf auf Grobheit, ohne daß diese verletzend war. Etwas Besonderes fand auf der Erde statt! Zwei vollkommen unterschiedliche Wesen in gleicher Gestalt reichten sich die Hände und verständigten sich.

Die Archantayas, "die Mütter", lehrten die Menschen, "die Kinder", zunächst einmal, wie sie sich durch Sprache, die "Ur-Sprache", mit ihnen und auch gegenseitig verständlich machen konnten. Die Menschenwesen lernten, so wie kleine Kinder lernen, indem sie ihre geliebte Mutter beobachten, ihr zuhören und sie fühlen. Das, was sie lernten, gaben sie an ihren Stamm weiter. Oft wurde der Mutige, der sich in die Nähe der Archantayas wagte, ihr Anführer. Die Archantayas kanalisierten und verströmten aber vor allem ihre Energie, manchmal lenkten sie diese auch gezielt in einen bereits offenen Menschen hinein. Dieser nahm soviel auf, wie es ihm möglich und angenehm war, wobei die Energieaufnahme meist sehr gering war. Nie hielten sich große Gruppen bei den Archantayas auf, sondern eher einzelne Menschen.

Neben diesen Zusammentreffen genossen die Archantayas das Goldene Zeitalter! Sie standen in regem Kontakt mit der Erde und ihren Naturwesen. Sie kommunizierten miteinander, entweder direkt oder mental. Sie bildeten Forschungsgruppen und versetzten sich zusammen regelmäßig in ihr Engelbewußtsein, was ihnen half, nie zu vergessen, wer oder was sie wirklich waren. Dieses Zurückversetzen wurde durch das Praktizieren verschiedener physischer Körperhaltungen unterstützt. Das ermöglichte ihnen, sich auf der physisch festen Ebene ganz zu etablieren und es geschah immer häufiger, daß sie tagelang im physisch festen Körper manifestiert blieben.

Überall auf dem Erdball waren also zu dieser Zeit die leuchtenden Gestalten der Archantayas, die zunehmend von den Menschenwesen kontaktiert wurden, sichtbar. Verstreut über die Erde entstanden herrliche Gebäude, wobei es diese auf einem Kontinent vermehrt gab. In der ersten Hochkultur Ur, die auf diesem Kontinent angesiedelt war, entfaltete sich bald ein reges Leben. Die immer häufiger im Körper verfestigten Archantayas nahmen langsam vollkommen ihre Gebäude in Besitz. Sie trafen sich in Gruppen zur weiteren Erforschung von Körperhaltungen, die ihre Übungen unterstützten. Andere forschten, wie sie den Menschen auf den unterschiedlichen Ebenen weiterhelfen konnten. Die Menschenwesen hatten "Abgesandte", die zu den Archantayas gingen, um von ihnen offen und neugierig zu lernen. Alles entwickelte sich prächtig. Viele neue Forschungsgruppen bildeten sich von Tag zu Tag und die entsprechenden Gebäude wurden hierfür erschaffen. Diese Gebäude sollten die in ihr stattfindende Forschung durch ihre Formen und Materialien unterstützen, z.B. wurden runde Gebäude für die Gruppe der Sänger oder Pyramidengebäude für die Gruppe, die herausfinden wollte, welche Übungen ihnen bei der Rückversetzung ins Engelbewußtsein halfen, errichtet. Rege Arbeit oder besser ausgedrückt, reges Spiel beherrschte die Szene dieser ersten Hochkultur.

Große Kreativität entwickelte sich in den Archantayas, jetzt da sie sich auf der physischen Ebene eingefunden, etabliert und sich mit ihr versöhnt hatten. Weil es ihnen immer wieder offen stand, auf andere Ebenen "auszuweichen", und ihr Bedürfnis nach Fließen zu befriedigen, gab es für sie keine Probleme, keinen Schmerz. Ihr physischer Körper war ein reines Gefährt, ein reiner Ausdruck ihrer Göttlichkeit und ihres ständigen Fließens. Er wurde beständig durchströmt von Prana, und da die Archantayas keine Probleme oder Ängste hatten, wurde er somit in der Aufnahme von Prana nicht gestört. Die Physis kennt keine Krankheit, wenn sie ungehindert von Prana durchströmt wird. Für die Archantayas war die Physis damals also nicht mit Schmerz oder Leid verbunden. Die Menschen kannten Schmerz, ja, sie hatten bereits über ihn gelernt, als sie die ersten Gehversuche mit dem physischen Körper gemacht hatten. Ihnen waren Krankheiten, Hunger und Durst vertraut, aber sie ordneten diese nicht in Kategorien von gut oder schlecht ein. Hatten sie einmal Schmerzen, akzeptierten sie das und suchten nach Lösungen, damit es ihnen wieder besser ging. Wenn sie keine fanden, fügten sie sich in ihr Schicksal und fällten keine Bewertungen darüber.

Insgesamt waren die Menschen durch das Lernen bei den Archantayas auf eine höhere Stufe in ihrer Entwicklung gelangt. Sie hatten gelernt, sich auszudrücken und konnten sich nun untereinander verständigen, was die erste Voraussetzung für ein soziales Zusammensein war. Durch die Sprache hatten die Archantayas die Möglichkeit, die Menschen über Geschichten und Erzählungen anzuleiten, wann immer diese es wollten. Eine Forschungsgruppe machte es sich zur Aufgabe, Geschichten zu erfinden, durch die den Menschen grundlegende Dinge mitgeteilt und gelehrt wurden. Alles mußte sehr einfach und bildhaft ausgedrückt werden, damit es auch von den Menschen verstanden wurde. Diese Forschungsgruppe gründete die erste Schule für Menschen, die lernen wollten und konnten. Es war die erste "Schule des Lebens" mit Engel-Lehrern und Menschen-Schülern, in der das Lernen und Zusammensein ganz spielerisch und liebevoll für die Menschen arrangiert wurde. Natürlich wurde für die erste Schule des Lebens auch ein spezielles Gebäude in runder Form erschaffen, das Harmonie und Vollkommenheit ausstrahlte. Es wurde aus Holz erbaut und hatte offene Wände, so daß der Kontakt zur Natur beständig vorhanden war und den Menschen jederzeit die Möglichkeit zum Weggehen offenblieb. Die Bauweise sollte einerseits Liebe durch die runde Form, andererseits Respekt vor den Wünschen der Menschen durch die Offenheit der Bauweise signalisieren. Das Dach war in Form einer Kristallgruppe gestaltet und hatte somit viele kleine spitze Dächer, was als Symbol für ein harmonisches Zusammensein vieler unterschiedlicher Wesen gedacht war. Jedes Gebäude hatte also seine Symbole und Bedeutungen und war in Richtung seiner Auswirkungen vollkommen durchdacht. Die große Kreativität, die Weitsicht und das tiefe Verständnis für universelle Zusammenhänge der Archantayas spiegelte sich in ihnen wider.

Das Goldene Zeitalter dauerte viele Jahrtausende, in denen sich die Archantayas und die Menschen Zeit für gegenseitige Annäherung, Verständigung und für Lernen ließen. Beständig entwickelten sie sich weiter. Die Menschen lernten von den Archantayas und machten in ihrem eigenen Tempo Fortschritte. Die Archantayas wiederum verstanden die Menschen immer besser. Gleichzeitig verfeinerten sie ihr eigenes Leben auf der Erde in einem physischen Körper, und sie erschufen viele sichtbare Kunstwerke, durch die sie ihr göttliches Wesen zum Ausdruck brachten. Sie waren nun zwar ganz auf der physischen Ebene angekommen, aber innerlich noch voll und ganz Engel. Dies muß für einen heutigen Erdenbewohner völlig verrückt klingen, nicht wahr, liebe Leser? Wo sind diese Engel heute? Haben sie die Erde bereits seit langer Zeit verlassen? Weilen sie noch unter den Menschen? Nun, unsere weitere Geschichte wird dies alles aufklären und das Schicksal der Archantayas beleuchten.

Viele von ihnen sind bereits gegangen. Viele, ja die meisten, weilen noch unter euch. Sie zu erkennen ist für uns nicht schwer, für euch jedoch schon, denn sie unterscheiden sich im äußeren durch nichts mehr vom Rest der Menschheit. Um sie zu erkennen, müßt ihr lernen, mit feineren Schichten eures Bewußtseins zu fühlen und zu sehen. Noch sind viele Archantayas auf der Erde, doch die Meister der Ur-Sonne rufen sie zurück! Es bleibt ihrer Entscheidung überlassen, ob sie nun gehen wollen und können oder ob sie bleiben. Aber wir wollen unserer Geschichte nicht vorgreifen. Schritt für Schritt werden wir den Werdegang der Archantayas erzählen. Jeder von euch kann aus ihrer Geschichte und ihrem Schicksal viel lernen. Ihr müßt nur aufmerksam all ihre Schritte und Taten verfolgen und versuchen, sie zu verstehen.

Das Höhere traf aus
Liebe heraus das Niedere,
um ihm mit der Zeit
das Lied von der
Göttlichkeit des All-Einsseins
vorzusingen.
Das Höhere kam
dem Niederen entgegen
und aus Liebe heraus
verband es sich mit ihm.

Alles war also wunderbar im Wachstum – die Erde, die Menschen, die Archantayas, und die erste Phase der Annäherung neigte sich dem Ende entgegen. Die "Ur"-Zivilisation der Menschheit hatte ihre Aufgabe meisterhaft vollbracht. Ur ist die Wiege der Menschheit, in der sie groß geworden ist, in der sie laufen und sprechen gelernt hat. Die Archantayas haben hierzu die bedeutenden Signale gesetzt und die mutigsten Menschen angeleitet!

Nun war es Zeit für die nächste Phase des Lernens! Hierfür wurde ein neuer Platz, an dem konzentriertes Wachstum stattfinden sollte, ausgesucht. Die Archantayas wählten ein Gebiet aus, das energetisch mit dieser neuen Phase im Einklang schwang und das auf alle unterstützend wirkte. In der Hochkultur Ur waren ja nur einige Menschen angeleitet worden, die das Gelernte an ihren Stamm weitergegeben hatten. Nun sollte und konnte gegenseitige Annäherung breitflächiger stattfinden. Die Menschen hatten sich über die Jahrhunderte an die Lichtgestalten der Archantayas gewöhnt, in dem Sinne, daß sie diese als Wesen ansahen, die höher standen, die größere Fähigkeiten hatten und die in ihren Augen mächtiger waren als sie. Ihr Respekt ihnen gegenüber war groß und in gewissem Sinne unschuldig.

Dieser neue Platz des Lernens wurde wieder von der Kreativität der Archantayas gestaltet. Es entstanden herrliche Bauten für die unterschiedlichen Bereiche des Lebens und des Lernens. Alles wurde so erschaffen wie beim ersten Mal, und auch die Forschungsprojekte der Archantayas wurden fortgeführt. Da die Menschen Mut und Vertrauen zu ihnen gefaßt hatten, wollte eine immer größer werdende Anzahl in die Schulen des Lebens kommen. Die neue Phase wurde also von einer intensiveren Annäherung der Menschen an die Archantayas geprägt. Die Archantayas wiederum konnten die Menschen weiter kennenlernen und dadurch leichter sehen, was nächste wichtige Lernschritte für sie waren. In der Gruppe der Menschen, die sich von Anbeginn zu den Archantayas hingezogen gefühlt hatten, prägte sich immer mehr der Wunsch aus, diesen dienen zu wollen. Die Archantayas erkannten, daß sie diesem Wunsch nachgeben mußten, obwohl es ihnen eher widerstrebte, die Rolle des Höhergestellten zu übernehmen. Sie nahmen in dem Wunsch einiger Menschen, ihnen dienen zu wollen, das erste Aufblitzen einer Sehnsucht nach etwas Größerem und Höherem wahr. Dies war zwar noch sehr unbewußt, kindlich und unschuldig, aber es war die Sehnsucht nach Entwicklung und der Wunsch dienen zu wollen, war der Ausdruck hiervon. Die Archantayas erkannten das und überlegten, was sie diesen Menschen anbieten konnten.

Zu dieser Zeit war es für die Archantayas unmöglich, laufend Menschen um sich zu haben, da sie noch ständig von einem Zustand der Dichte in einen anderen wechselten, was die Menschen nicht verstanden hätten. Sie konnten also keine persönlichen Diener gebrauchen. Deswegen gründeten sie Schulen für diese Menschen, in denen sie lernten, Dienste für die Gemeinschaft zu übernehmen. In der "Schule der Gärten" lernten die Menschen z.B. Pflanzen kennen, die sie studierten und anbauten. In der "Schule des Wohnens" lernten sie, wie man stabile Unterkünfte für die Gemeinschaft errichten konnte usw. Alle diese Menschen lebten in einem bestimmten Gebiet in einer Gemeinschaft, die von den Archantayas betreut und angeleitet wurde, zusammen. Man kann sagen, die erste Kommune, deren Mitglieder in einem sehr engen Verhältnis zu den Archantayas standen, war somit gegründet.

Aber vergeßt nicht, liebe Leser, daß nur auf einem bestimmten Kontinent diese intensive Annäherung stattfand. Überall auf dem Erdball waren Archantayas verteilt und kanalisierten Licht und Bewußtsein, das in die Atmosphäre der Erde verströmt wurde. Überall auf der Erde lebten Menschen in den unterschiedlichsten Stadien der Entwicklung. In dieser neuen Zivilisation, die wir "Lemurien" nennen möchten, lebten auch Menschen, die von einer intensiven Annäherung und vom Lernen nichts wissen wollten, oder sich davon nicht angezogen fühlten. Unter den Menschen hatten sich also bereits sehr unterschiedliche Entwicklungsstadien herauskristallisiert.

Dasselbe traf auf die Gruppe der Archantayas zu, da es ihnen überlassen war, wie schnell oder langsam sie sich auf der Erde in physisch fester Form etablieren wollten. Diejenigen, die alleine und abgeschieden lebten, zogen es meistens vor, sich im ätherischen Körper, wenn nicht sogar im astralen oder mentalen Körper aufzuhalten. Besonders sie ließen sich Zeit, bis sie sich ganz in einer festen Form etablierten. Denkt aber nicht, liebe Leser, daß sie dadurch versäumt hätten, ihren Aufgaben nachzukommen. Nein, ganz im Gegenteil, alles war in perfekter Harmonie. Dadurch, daß sich viele Archantayas noch im astralen oder mentalen Körper aufhielten, zogen sie verstärkt harmonische Astral- oder Mentalenergie in die Atmosphäre der Erde, die von den Astral- und Mentalkörpern der Menschen aufgenommen wurde und diese nährte. Somit bekamen die damals noch sehr wenig entwickelten Ebenen oder Energiekörper der Menschen immer wieder Impulse, die sie anregten, stärker und höher zu schwingen. In einfachen Worten ausgedrückt bedeutete das, daß z.B. die in die Erdatmosphäre einfließende

Liebe der Archantayas, auf die Astralkörper der Menschen traf und dort Emotionen und Sehnsüchte auslöste.

Die Archantayas, die in Lemurien lebten, waren bereits sehr im physisch festen Körper etabliert, in dem Sinne, daß sie sich regelmäßig in ihm aufhielten. Ihr Fokus war zwar auf ihn ausgerichtet, aber sie wechselten trotzdem auch in andere Ebenen. Zum Lehren der Menschen mußten sie sich jedoch im festen Körper befinden, und somit ergab es sich wie von selbst, daß sie immer öfter und regelmäßiger physisch fest erschienen. Bei Archantayas, die alleine oder abgeschieden lebten, war dies nicht nötig. In der Gruppe der Archantayas gab es also auch unterschiedliche Entwicklungsstadien, die sich ergänzten und insgesamt eine Hilfe und Unterstützung für die Entwicklung des neuen Lebens auf dem Planeten Erde waren. Somit herrschte eine perfekte Ausgewogenheit!

Die Menschen starben und wurden geboren, wobei die Lebensspanne viel größer war, als sie es heute ist, da die physischen Körper robuster und gesünder waren und die Lebensbedingungen harmonischer. Die Archantayas dagegen blieben gleich – sie kannten kein physisches Sterben und Wiedergeborenwerden. Diese Art der Erneuerung benötigten sie noch nicht, da sie sich innerlich laufend erneuerten. Sie waren ständig frisch und neu. Sie sammelten keine Spannungen an, da sie beständig von ihrem eigentlichen Ursprung gespeist wurden! Dadurch war auch der physische Körper ein perfektes Organ für den Durchfluß und die Aufnahme von kosmischer Energie, wodurch alle Atome, Zellen und Organe laufend erneuert wurden. Sie hatten nie das Gefühl müde zu sein oder sich ausruhen zu müssen – sie ruhten in sich. Das ist ein großer Unterschied, liebe Leser unserer phantastischen Geschichte. Ruht jemand tagein tagaus in sich, kennt er keine Schlappheit. Ja, er kennt, daß der Körper Ruhe benötigt und folgt dann diesem Bedürfnis. Aber unsere Archantayas kannten keine Schlappheit, keine Müdigkeit, keinen Schmerz des Körpers, denn dieser war ein perfektes Vehikel ihrer hochentwickelten zwei anderen menschlichen Körper und der noch höherschwingenden Engelkörper.

Euch ist im Laufe der Erzählung bereits klar geworden, daß wir mit den Archantayas hochentwickelte Wesen vor uns haben, deren Liebe sie einst dazu gebracht hatte, anderen Wesen, die auf einer viel niedrigeren Entwicklungsstufe standen, eine Hilfe zu sein. Die Archantayas sahen einerseits klar die Unterschiede zwischen sich und den Menschen, aber sie bewerteten dies nicht oder sie stuften sich selbst nicht als die Höheren und die Menschen als die Niedrigeren ein. Solche Kategorien oder Kasten gab es nicht in ihrem Gefühls-, aber auch nicht in ihrem Gedankenbereich. Von daher waren die Archantayas zunächst etwas irritiert, als sie das Bedürfnis einiger Menschen, ihnen dienen zu wollen, das erste Mal wahrnahmen. Manche Menschen hielten sich immer, soweit dies möglich war, in der Nähe der Archantayas auf. Bei jeder Gelegenheit suchten sie ihre Nähe und legten kleine Geschenke zu ihren Füßen nieder. Diese Menschen verehrten sie und wollten soviel Zeit wie möglich in ihrer Nähe verbringen. Immer und immer wieder hoben die Archantayas die Menschen vom Boden auf. Sie wollten nicht, daß sich die Menschen vor ihnen auf die Füße warfen. Doch schließlich akzeptierten sie es als etwas, das im Moment nicht zu ändern war, und sie suchten nach Möglichkeiten, wie diese Energie der Menschen am sinnvollsten zu kanalisieren war. Daraus entstanden die ersten Gemeinschaften der Menschen unter Anleitung der Archantayas. Im

Laufe der Zeit wurden diese Menschen ausführlich geschult, wodurch in ihnen der Wunsch und der Drang nach Verfeinerung und Stilisierung ihres Lebens entstand, und es entwickelte sich so etwas wie eine Kultur unter ihnen. Das was vorher grob war, wurde also verfeinert. Wir wollen euch ein einfaches Beispiel hierfür geben, z.B. wuschen sich die Menschen nun, wenn Begegnungen mit den Archantayas geplant waren. Sie wollten sich den edlen Gestalten anpassen und begannen Dinge, die für sie realisierbar waren, von diesen anzunehmen. Die Voraussetzung für diese Veränderung war aber gewesen, daß sich diese Menschen bewußter über sich selbst geworden waren. Ihre Schulung fand somit einerseits allein durch das Beobachten der Archantayas statt, andererseits dadurch, daß die Archantayas den Menschen direkt Tips und Anleitung für ihr tägliches Leben gaben und ihnen durch Erzählungen und Geschichten Zusammenhänge vermittelten.

Die Hochkultur in Lemurien war die Stätte, in der sich ein Teil der Menschheit über sich selbst bewußter wurde, so wie sich ein dreijähriges Kind seiner selbst bewußt wird und erkennt, daß es kein Teil seiner Mutter, sondern ein selbständiges Wesen, ist. Entwicklung fand also statt!

Die Vermischung

Viele Jahrtausende sind nun seit dem Entschluß der Archantayas, auf der Erde zu dienen, vergangen. Sie hatten einen weiten Weg zurückgelegt, und es war Zeit für sie, sich zurückzuziehen, einen Rückblick zu machen und neue Entscheidungen zu treffen. Alle fühlten gleichzeitig, daß es etwas Besonderes zu tun gab, und über den ganzen Erdball verteilt versetzten sich die Archantayas, ob sie nun allein oder in einer Gruppe lebten, gemeinsam in ihr siebtes Engelbewußtsein. Dort trafen sie sich und empfingen die Botschaft der Meister der Ur-Sonne:

Geliebte Kinder,
ihr habt bisher
eure Aufgabe zu unserer
vollsten Zufriedenheit erfüllt!

Doch nun ist es an der Zeit
für den nächsten
entscheidenden Schritt,
den wir euch
einst angekündigt hatten.

Nun beginnt die Phase,
in der ihr entscheiden müßt,
wer auf der Erde bei
den Menschen bleiben und
mit ihnen zusammen viele Zyklen
verbringen will und
wer die Erdebene verlassen und

seinen Brüdern und Schwestern
von der ersten und zweiten
Engelebene aus dienen will.

Die einen von euch
werden sich entscheiden zu bleiben,
und sie werden die Dichte kennenlernen,
in der die Menschen weilen,
um ihnen so helfen zu können.
Die anderen werden wieder
zurückkehren in die Leichtigkeit
der Engelebene,
wenn auch nicht in eure
gemeinsame Ursprungsebene.

Wir wollten euch auf diesen
Zeitpunkt der Entscheidung hinweisen,
geliebte Kinder.

Ihr müßt euch nicht
sofort entscheiden,
aber findet in der
kommenden Zeit heraus,
zu welchem Weg ihr euch
hingezogen fühlt.

Wir begleiten euch und
beobachten alle eure Taten.
Mit all unserer
Liebe und Fürsorge
sind wir mit euch,
welchen Weg ihr auch beschreitet.

Wir müssen nun auf
nichts weiteres mehr hinweisen.
Jeder von euch hat bereits erfahren,
was die eine oder andere
Entscheidung bedeutet.
Ihr alle seid in diese Aufgabe
hineingewachsen und wißt,
was ihr zu tun habt und
was dies von euch abverlangt.
So wie die einstigen Bewußtseinsfunken
etwas erwachsener geworden sind
durch eure Anleitung,
seid auch ihr nun erfahren in
dieser Aufgabe.

Voller Liebe blicken wir auf euch,
geliebte Kinder,
und voller Respekt würdigen wir
eure zukünftigen Entscheidungen.

Unser Segen ist mit euch
auf all euren Wegen.

Für die Archantayas war somit ihr weiterer Weg klar beschrieben. Durch die Worte der Meister der Ur-Sonne stand für sie alle unumstößlich fest, daß sie sich nun endgültig entscheiden mußten. Es war die Entscheidung für das Dasein eines dienenden Engels im Umfeld der Erde oder für das Dasein eines dienenden Menschen direkt auf der Erde.

Es sollte eine folgenschwere Entscheidung werden, aber so sahen es die Archantayas damals nicht. Die Hauptmotivation jedes einzelnen, sich für das Dasein eines Engels oder Menschen zu entscheiden, war eine Sache der Liebe. Wenn bei einem von ihnen die größte Liebe und Anziehung zum Engeldasein vorherrschend war, ergab es sich wie von selbst, daß er in die erste oder zweite Engelebene emporstieg. War in einem anderen größere Liebe und Mitgefühl für die Menschen und somit eine Anziehung für ein Dienen auf der Erde vorherrschend, fiel die Entscheidung ganz schnell für ein Menschendasein aus. In den Archantayas gab es also kein Grübeln oder Nachdenken, kein Abwägen des einen mit dem anderen, sondern die Liebe ließ eine Entscheidung in ihnen heranreifen. Dies ging bei dem einen schneller, bei dem anderen langsamer.

Die Gruppe der Archantayas teilte sich also mit der Zeit auf. Jeder Archantaya, der auf der Erde blieb, wurde direkt begleitet und überwacht von einem Archantaya auf der ersten oder zweiten Engelebene. Dieser stand seinem Gefährten mit seiner ganzen Energie zur Verfügung und sandte ihm beständig, während der gesamten Dauer seines Dienens auf der Erde, seine Liebe.

Die Archantayas, die sich zu einem Dasein auf der Erde hingezogen fühlten, mußten sich nun mit dem physisch festen Körper vollkommen und endgültig verbinden. Sie mußten sich sozusagen in ihm versiegeln, um in einen menschlichen Kreislauf eintreten zu können. Die Phase, in der sie frei über die Auswahl eines menschlichen Körpers bestimmen konnten und in der sie noch mehr als ein Engel auf der Erde geschaltet und gewaltet hatten, war beendet. Ein neuer Abschnitt, über den sie sich vollkommen bewußt waren, brach nun an. Ein weiterer Grund, warum sie sich im physisch festen Körper versiegeln mußten, war die darausfolgende Möglichkeit der physischen Verbindung mit den Menschen, denn dadurch konnte auf natürliche Art und Weise das hochentwickelte Erbgut der Engel in das niedriger entwickelte Erbgut der Menschen gelangen. Diese Verschmelzung war die natürlichste Art, das Erbgut der Menschen zu beeinflussen. Es hätte auch andere Wege für die Archantayas gegeben, aber das wäre Manipulation gewesen, und das war ihnen nicht erlaubt.

Der natürliche, der einzige Weg für die Archantayas ihre Fähigkeiten, ihr Wissen und ihre Weisheit direkt an die Menschen weiterzugeben, war durch Vererbung. Dies war ihnen allen bewußt gewesen, bevor sie sich für das Menschendasein entschieden hatten.

Körperliche Verschmelzung war ihnen als Erfahrung bis dahin unbekannt. Sie wußten natürlich um den Kreislauf von Zeugung, Geburt und Tod, da sie dies in den letzten Jahrtausenden durch die Menschen vor Augen gehabt hatten. Nun traten auch sie in diesen Kreislauf ein. Das erforderte einiges von ihnen, und sie mußten sich zunächst ausgiebig auf diese Aufgabe vorbereiten. Vor allem aber mußten sie Menschen, die die Rolle eines Partners in diesem neuen Akt übernehmen sollten, finden, schulen und ausbilden.

Die Archantayas wählten Menschen aus ihren Schulen und Kommunen aus, die ihnen am weitesten entwickelt und als am geeignetsten für die Aufgabe der ersten Vermischung erschienen. Die reinsten unter den Menschen wurden aus den Schulen genommen und bekamen eine spezielle Ausbildung, die sie auf ihre Aufgabe vorbereitete. Hierzu gründeten die Archantayas in Lemurien eine neue Forschungsgruppe, die sich die Aufgabe stellte, Methoden und Übungen für Menschen herauszufinden, die eine schnelle gezielte Entwicklung des physischen, des Emotional- und des Mentalkörpers vorantrieben. Es steht außer Frage, daß die Menschen, die für diese intensive Schulung ausgewählt wurden, freiwillig zustimmten, nun noch mehr als vorher von den Archantayas angeleitet zu werden. Es war eine hohe Auszeichnung für sie, und ihr Wunsch, eng mit den Archantayas zusammen zu sein, wurde dadurch in noch stärkerem Maße erfüllt.

Überhaupt wurde das Zusammenleben zwischen Archantayas und Menschen nun enger. Da sich die Archantayas endgültig entschlossen hatten, ganz in die menschliche Hülle einzutreten, konnten sie es nun auch erlauben, daß Menschen, die sich in ihren Schulen des Lebens verdient gemacht hatten, sich aber nicht für eine weitere intensive Schulung interessierten, ihre persönlichen Diener wurden. Diese waren von da an zuständig für alle anfallenden alltäglichen Arbeiten, die sich durch ein Leben im physischen Körper ergaben. Sie kümmerten sich nach anfänglicher genauer Anleitung durch die Archantayas um deren Nahrung, Kleidung und um die Sauberhaltung des Wohnplatzes. Auch dies war eine sehr hohe Auszeichnung für einen Menschen.

Daneben gab es in Lemurien, wie schon beschrieben, die Schulen des Lebens, in denen Menschen in einfachen Dingen unterrichtet wurden. Weiterhin lebten natürlich auch Menschen in Stämmen abseits der Städte zusammen. Über den ganzen Erdball verteilt existierten kleine Gruppen von Archantayas, die sehr zurückgezogen lebten und die oft nur mit einer kleinen Anzahl von Menschen arbeiteten. Manchmal waren es zwei, drei Menschen, die mit einem Archantaya in Verbindung standen. Aber für alle Archantayas, auch für diejenigen, die ganz alleine lebten, galten nun die Gesetze der Physis.

Durch den endgültigen dauerhaften Eintritt in den physisch festen Körper begann für die Archantayas die Zeitrechnung auf der Erde und ihr erstes Inkarnationsleben. Die

Menschen hatten zu dieser Zeit bereits viele Leben hinter sich.

Die Archantayas hatten sich für ein Dienen auf Erden entschieden, und da sie sich im physisch festen Körper versiegelt hatten, waren sie jetzt auch seinen Gesetzen unterworfen. Mit diesen Gesetzen mußten sie nun alle zurechtkommen. Vorbei war die Zeit, in der sich der physische Körper ganz von Prana ernährte, um nur ein Beispiel zu nennen. Sie mußten essen, trinken, verdauen und ausscheiden. Sie waren diesem Kreislauf ausgesetzt, obwohl sie alles in ganz anderem Maße als die Menschen taten. Die Archantayas aßen gemäß ihrer sehr hohen Schwingung nur Nahrungsmittel, die dieser entsprach. Sie brauchten nicht soviel wie die Menschen zu essen und taten dies nur aus der Notwendigkeit des physischen Körpers heraus. Die Menschen aßen aus Lust und oft auch aus Gier. Sie hatten Vorlieben und Abneigungen für bestimmte Nahrungsmittel, und sie mußten sehr viel mehr zu sich nehmen, da ihre Körper robuster und kräftiger waren. Die Nahrungsaufnahme der Archantayas war geprägt von ihrer Bewußtheit über die Gesetzmäßigkeiten des physischen Körpers. Sie gaben ihm was er brauchte, damit er gut funktionieren konnte und ein perfektes Instrument für die höheren Körper blieb und deren Energie ausstrahlen, vor allem aber aufnehmen konnte. Für die Archantayas war es damals besonders wichtig, die in der vorherigen Zeit erforschten Körperübungen regelmäßig zu praktizieren, da sie sich auf ihre neuen Aufgaben vorbereiten mußten.

Auch den auserwählten Menschen wurden diese Übungen in der neuen Schule beigebracht, damit sich ihre Körper verfeinern und sensibilisieren konnten. Diese Auserwählten sollten darauf vorbereitet werden, sich mit den Archantayas körperlich verbinden und Kinder zeugen zu können, auf eine Art, die von den Archantayas bestimmt wurde. Die zukünftigen Abkömmlinge von Archantayas und Menschen sollten die neue Rasse auf der Erde werden. Doch zunächst mußten beide Elternteile vorbereitet werden.

Die Menschen lernten durch die Übungen, wie sie ihren Körper steuern und dessen Energiefluß je nach Bedarf lenken konnten. Sie lernten auch, ihre Gefühle zu verfeinern und ihre Gedanken auszurichten. Alle waren willige Schüler der Archantayas. Wie schon gesagt, sie hatten sich vorher bereits in der Schule des Lebens ausgezeichnet und ihr Potential am weitesten entwickelt. Sie bildeten nur eine kleine Gruppe, aber sie waren die Vorreiter der Menschen, und sie hatten alle ein unschuldiges und reines Wesen.

Ihre Vorbereitung dauerte viele Jahrzehnte. Bei manchen von ihnen dauerte sie sogar ein ganzes Leben, manch andere starben, wurden innerhalb dieser Gruppe wiedergeboren und weiter ausgebildet. Die Archantayas lebten in ihrer damaligen ersten Inkarnation, also seitdem sie den Entschluß gefaßt hatten, sich im physisch festen Körper zu versiegeln, mehrere Jahrhunderte. Es stand somit genügend Zeit für die Ausbildung der fähigen Menschenwesen zur Verfügung.

Beide, Archantayas und ausgewählte Menschenwesen, arbeiteten also auf ein ganz bestimmtes Ziel hin. Schließlich kam es zu der ersten Zeugung einer neuen Rasse. Diese Zeugung wurde wie ein heiliges Ritual gefeiert und in völliger Stille und Bewußtheit vollzogen – es war ein heiliger Vorgang. Zu Beginn waren nur sehr wenige Menschen fähig, dieses Geschenk der Archantayas empfangen zu können, da ihre Schwingung nicht hoch genug war. Durch die intensive Praktizierung all der vorgeschriebenen Übungen für Körper, Gefühl und Geist wurden aber immer mehr Menschen auf eine neue Stufe der Reinheit und Bewußtheit gehoben.

Diese Menschen waren willige Werkzeuge beim Erschaffen eines neuen Bewußtseins und den Archantayas total ergeben. Sie hatten etwas von der Unschuld eines Kindes und noch kein Ego. Die Archantayas wiederum liebten die Menschen immer noch so, wie Eltern ihre Kinder lieben, und sie mißbrauchten ihre Macht, die sie über die Menschen hatten, in keinster Weise. Der Akt der Zeugung stand in ihren Augen in keinem Widerspruch zu ihrer elterlichen Liebe, da er für sie ein religiöses Ritual war und nichts mit körperlicher Leidenschaft zu tun hatte. Die Menschen mußten erst lernen, ihre körperlichen Triebe in bestimmte Bahnen zu lenken und ihnen nicht willenlos ausgeliefert zu sein.

Obwohl die Menschen also intensiv auf den Akt der körperlichen Verschmelzung vorbereitet wurden und sie ihre Energie äußerst verfeinert hatten, bestand immer noch ein sehr großer Unterschied zwischen ihnen und den Archantayas. Aber mit beiden Beteiligten geschah durch den Zeugungsakt sehr viel. Die Menschen bekamen die Energie der Archantayas, ebenso wie die Archantayas die Energie der Menschen, in einem nicht gekannten Maße zu spüren. Beide mußten sich aufeinander einstellen und ihre Energie auf den anderen ausrichten. Der Archantaya mußte sich ganz auf die physische Ebene einstimmen, mit gleichzeitiger Beibehaltung seiner hohen Bewußtheit und der Mensch mußte sich bemühen, vollkommen bewußt die Schwingungen des Archantayas zu "ertragen". Lenkt ein höherschwingendes Wesen seine Energie in ein niedriger schwingendes Wesen, kann das für das letztere sehr schmerzhaft sein. Die Archantayas lernten sehr schnell, daß sie ihre Schwingung auf ein

Mindestmaß, so schien es ihnen zumindest, herunterschrauben mußten, um für die Menschen physisch ertragbar zu sein. Das war wiederum für sie äußerst schwierig. Der gesamte Vorgang forderte also von beiden Seiten sehr viel, doch letztendlich wurde er gemeistert.

Das Potential der Archantayas verschmolz schließlich mit dem Potential der Menschen, und die ersten Wesen mit den Genen von beiden wurden geboren. Am Anfang ging noch vieles schief. Manche Menschen ertrugen die hohe Energie der Archantayas während des Zeugungsrituals nicht und verloren das Bewußtsein, andere starben sogar dabei. Aber wie gesagt, die Archantayas lernten mit der Zeit, ganz auf die notwendige Energie während dieses Vorgangs einzugehen.

Nicht alle Archantayas zeugten in ihrem "ersten" Leben Kinder, sondern nur eine Gruppe, die sich für diese Aufgabe bestimmt fühlte. Diese lebte in Lemurien vollkommen zurückgezogen in einem Tempel. Ein Archantaya aus dieser Gruppe konnte mit verschiedenen Menschen den Akt der Zeugung vollziehen. Diese Archantayas sind die Urväter und Urmütter der neuen Rasse, die einen Evolutionssprung für das menschliche Bewußtsein einleiteten. Sie widmeten sich ganz der Gründung der neuen Rasse und überwachten ihre Ausbildung. Gleichzeitig waren sie aber auch vollkommen damit beschäftigt, sich selbst immer wieder auf ihr eigentliches Bewußtsein eines Engels der siebten Entwicklungsstufe auszurichten. Es war schwer für sie! Es war schwer, einerseits in die tiefste Ebene der Materie zu steigen und gleichzeitig völlig im Engelbewußtsein verankert zu bleiben! Doch sie erlangten dadurch eine hohe innere Elastizität und wurden große Meister im Durchwandern all der unterschiedlichen Ebenen. Ihr könnt euch nicht vorstellen, was es für sie bedeutete und was es ihnen abverlangte, diese Anstrengungen zu unternehmen. Aber sie sahen es als ihre Aufgabe an, diese Fähigkeit auszubilden. Es war eine der Lernaufgaben, an die sie sich noch genau erinnerten, um die achte Engel-Entwicklungsstufe zu erreichen. Und so nahmen alle die großen Anstrengungen gerne auf sich. Sie wußten, sie mußten Großes leisten, um noch Größeres, nämlich die nächste Engel-Entwicklungsstufe, erfahren zu können und zu dürfen. Aber im Vordergrund ihres Interesses standen zunächst die Menschen und ihr Werdegang.

Schrittweise wurden langsam immer mehr Kinder gezeugt, die unter der Obhut der Archantayas aufwuchsen. Alles lief perfekt ab. Die Kinder mit dem Erbgut von Archantayas und Menschen lebten in einer eigens für sie erschaffenen kleinen Stadt, die im Laufe der Jahrhunderte immer größer wurde, je mehr Kinder gezeugt wurden. In dieser Stadt gab es alles, was für die Erziehung der Heranwachsenden benötigt und gebraucht wurde: Stätten des Spiels, der Musik, des Lernens, der Nahrungsaufnahme usw. Die Kinder hatten alles zur Verfügung, was für ein harmonisches Zusammenleben und Aufwachsen nötig war.

Ab einem bestimmten Alter wurden sie, ihren Fähigkeiten entsprechend, zu Lehrern für die Menschen ausgebildet. Dann verließen sie die Stadt und übernahmen eine Aufgabe in einer der öffentlichen Schulen des Lebens. Dadurch wurden die Archantayas entlastet, und viele konnten sich wieder ihren Forschungen widmen. Diese Forschungen hatten vor allem zum Inhalt, wie man das Zusammensein zwischen Archantayas und Menschen gestalten und regeln konnte, denn immer mehr wollten in die Schulen und Kommunen kommen. Ganz Lemurien war zu dieser Zeit wie eine große Kommune, und bestimmte Abläufe des täglichen

Zusammenseins mußten geregelt werden. Eine Gruppe von Menschen beschaffte z.B. Nahrung und übte sich im Anbau von Pflanzen zur Ernährung all der anderen. Auf diese Art wurde von ihnen Gemeinschaftssinn geübt und ausgebildet. Eine andere Gruppe erschuf Wohnstätten für neu hinzukommende Mitglieder der Kommunen. Ein reges Leben fand in Lemurien statt, und es war eine glückliche Zeit für Archantayas und Menschen.

Als die erste Generation der neuen Rasse alt genug war, wurden sie darin ausgebildet, die nächste Generation zu zeugen. Sie durchliefen, wie zuvor ihre Eltern, dieselbe Schule zur Lenkung der Körperenergie, und sie lernten, den Zeugungsakt als einen heiligen Vorgang anzusehen, der bewußt zelebriert wurde. Das vermischte Erbgut von Archantayas und Menschen wurde somit stetig weitergetragen. Die neuen Kinder erfuhren wieder dieselbe Erziehung wie ihre Eltern, und als sie ein gewisses Alter erreicht hatten, wurden auch sie zu Lehrern ausgebildet. Über die Jahrzehnte und Jahrhunderte hinweg erfuhren die Archantayas eine immer größere Entlastung in ihren direkten Aufgaben mit den Menschen, und schrittweise zogen sie sich aus dem öffentlichen Leben zurück.

Damals vollzog es sich bereits, daß die ersten Archantayas in den Kreislauf von Tod und Wiedergeburt eintauchten. Auch der Akt des Sterbens wurde von ihnen bewußt gefeiert. Lange vorher wußten sie, wann der physische Körper seine höchste Belastbarkeit erreicht hatte und schwächer wurde. Dann bereiteten sich die Archantayas darauf vor, bewußt die Hülle des physischen Körpers zu verlassen. Starb ein Archantaya, wurde das als ein Fest der Wiedervereinigung angesehen, das von allen mit Freude gefeiert wurde. Sie waren bereits erfahren im Durchwandern verschiedener

Bewußtseinsebenen und so war es für sie kein schwieriger Akt, voller Stille und Freude die Hülle des physischen Körpers zu verlassen. Aber von da an waren sie dem Kreislauf der Wiedergeburten unterworfen, und sie mußten sich eine neue Möglichkeit der Verkörperung suchen.

Die ersten Archantayas, die starben, wurden sofort von einem Paar der neuen Rasse oder durch einen Zeugungsakt eines Archantayas mit einem ausgebildeten und ausgewählten Menschen geboren. Durch jede neue Verkörperung, durch jede Geburt, verloren die Archantayas etwas von ihrer ursprünglichen Kraft und Energie. In den ersten Inkarnationen war dies nur unterschwellig oder in manchen Situationen für sie spürbar, aber sie waren sich über einen gewissen Energieverlust bewußt. Wodurch geschah dieser? Die körperliche Vereinigung und das Zeugen von Kindern hatte ja den Sinn, daß sich das Erbgut der Archantayas langsam mit dem der Menschen vermischte. Wurde ein Archantaya durch den Zeugungsakt zweier Menschen der neuen Rasse oder durch einen Archantaya und einen Menschen geboren, war es umgekehrt genauso, daß das Erbgut der Menschen in das des Archantayas gelangte. Natürlich brachte ein Archantaya immer seine Anlagen, Fähigkeiten und Kräfte mit in den neuen Körper hinein, diese wurden jedoch durch die weniger hohe Energie der körperlichen Anlagen seiner Erzeuger beeinflußt. Ihr neuer Körper war in keinem Falle so hochschwingend, wie es der allererste in ihrer Zeitrechnung gewesen war.

Das hatte natürlich Auswirkungen und mit jedem neuen Körper wurde die Verdichtung eines Archantayas vorangetrieben. Noch immer lebten diejenigen, die von Mensch und Archantaya oder einem Paar der neuen Rasse wiedergeboren wurden, länger als die restlichen Menschen. Aber zu der

Dauer des ehemaligen ersten Lebens bestand bereits ein großer Unterschied. Es kam vor, daß ein Archantaya, der in den Kreislauf der Wiedergeburten eingestiegen war, bereits drei bis vier Leben im Laufe von ein paar hundert Jahren hinter sich hatte, während ein anderer Archantaya, der es zur Aufgabe hatte, die Engelenergie so lange wie möglich auf der Erde zu halten, immer noch in seinem allerersten Körper existierte. Dies alles fand zu Beginn in Lemurien statt. Der eine Teil der Archantayas stieg also in den Kreislauf der Wiedergeburten ein, wodurch die Vermischung ihres Erbgutes mit dem der von ihnen ausgebildeten Menschen eingeleitet wurde. Ein anderer Teil lebte innerhalb Lemuriens sehr zurückgezogen, machte Forschungen, experimentierte und hielt vor allem die reine Engelenergie aufrecht. Das war ihre Hauptaufgabe und ihr Hauptfokus.

Diejenigen, die in den Inkarnationszyklus eingestiegen waren, arbeiteten in den Schulen des Lebens und den Kommunen als Lehrer und Ausbilder für Menschen, die sich bewährt hatten. Sehr bald bestanden die Schulen des Lebens aus vielen Klassen, so wie eure Schulen Klassen von eins bis hinauf zum Schulabschluß haben. Für jede Entwicklungsstufe gab es eine bestimmte Ausbildung. Immer noch waren die Archantayas herausragende, sich von den Menschen abhebende Persönlichkeiten, die auch durch die neu angenommenen Körper hindurchleuchteten, obwohl dies nach vielen Wiedergeburten auf den ersten Blick oder für einen Menschen nicht sofort zu erkennen war. Doch untereinander erkannten sich die Archantayas sofort. Sie fühlten im anderen den gemeinsamen Ursprung. Dies war der Code für ihr gegenseitiges Erkennen, obwohl der andere vielleicht bereits vollkommen wie ein Mensch aussah.

Die körperliche Angleichung an die Menschen fand also über die Jahrhunderte hinweg immer mehr statt. Wie ist das zu verstehen? Ganz am Anfang waren die Archantayas den Menschen als hohe, feine, edle, ätherische Gestalten erschienen. Ihre Körper waren zart, groß, leuchtend und durchscheinend gewesen. Das kam daher, weil diese ersten Körper noch rein von Prana ernährt wurden und kaum ein Unterschied zwischen dem physisch festen Körper und seinem Lichtdoppel, dem ätherischen Körper, bestand. Der physisch feste Körper war wie ein vibrierendes leuchtendes Gebilde, das beständig von der übrigen hohen Energie der Archantayas durchströmt und durchpulst wurde. Deswegen wirkten die ersten Archantayas in gewissem Sinne zerbrechlich und doch unendlich stark und groß. Ihre hohen geistigen Fähigkeiten hatten bewirkt, daß sich der Kopf und das darin befindliche Gehirn mehr ausgedehnt hatte, als bei den Menschen. Je öfter ein Archantaya wiedergeboren wurde, um so mehr verlor er auch das Feine und Durchscheinende des ersten physischen Körpers, da er nun den Gesetzmäßigkeiten seiner neuen Körper vollkommen unterworfen war.

Natürlich kam es darauf an, welchen Weg ein Archantaya auf der Erde gehen wollte, welche Aufgabe er hatte und wie er die Annäherung an die Menschen einleitete. Hatte ein Archantaya die selbst auferlegte Aufgabe, sein Erbgut so schnell wie möglich unter den Menschen zu verbreiten, so näherte und verband er sich schneller mit ihnen und wurde irgendwann selbst von zwei Menschen, z.B. aus der Schule des Lebens, geboren. Andere, die weiterhin hohe Aufgaben übernehmen wollten, z.B. die Staatsführung, die Ausbildung auserwählter Menschen oder die Forschung, wurden immer und immer wieder durch eigens für den Zeugungsakt ausgebildete Menschen oder sogar nur von Archantayas geboren.

Seit dem Eintritt in den Inkarnationszyklus gab es bereits nach einem Jahrtausend viele unterschiedliche Variationen, wie die Archantayas mit den Menschen auf der Erde zusammenlebten. Dieser Abschnitt war die Zeit der Vermischung von Archantaya und Mensch!

Einige Archantayas näherten sich also schnell der physischen Form der Menschen an. Sie veränderten sich äußerlich und auch innerlich, indem sie nicht mehr ihre volle Kraft zur Verfügung hatten. Aber sie erinnerten sich, wer sie waren und setzten sich regelmäßig mit ihrem ursprünglichen Bewußtsein in Verbindung. Nie identifizierten sie sich in dieser Zeit mit ihrer äußeren Hülle, dem Körper.

Alle blieben also vollkommen bewußte Engelwesen in einem menschlichen Körper, der ihr hohes Bewußtsein widerspiegelte, wenn auch anders als bei den noch nicht wiedergeborenen Archantayas. Auch die Archantayas, die bereits einen dem Menschen vollkommen identischen Körper hatten, waren immer herausragende Persönlichkeiten, die hohe Aufgaben übernahmen. Gleichzeitig waren sie diejenigen, die die Menschen am besten verstanden und ihnen am nächsten standen. Das ist einfach zu verstehen, denn sie erlebten tagein tagaus die Menschen und fühlten deren Gefühle und hörten deren Gedanken. Diese Archantayas waren diejenigen, die das größte Mitgefühl und die größte Liebe für die Menschen fühlten. Einige von ihnen hatten sich bereits soweit in diesen Zyklus hinein integriert, daß sie mit Partnern als Mann und Frau zusammenlebten und mit ihnen Nachkommen zeugten.

So lief das Leben der Menschen und der Archantayas in Lemurien dahin. Entwicklung und Vermischung fand im

Laufe der Jahrtausende beständig weiter statt, aber noch immer gab es eine Gruppe von Archantayas in einem ersten Inkarnationskörper, die sehr zurückgezogen lebte. Ebenso gab es wiedergeborene Archantayas, die immer wieder durch einen speziellen Zeugungsakt geboren wurden und die die offiziellen Staatsoberhäupterund Priester waren. Mit der Zeit entstanden verschiedene Kasten, die durch die unterschiedlichen Entwicklungsstadien der Archantayas und zum Teil auch der Menschen gekennzeichnet waren:

- Zunächst gab es die Gruppe, die vollkommen zurückgezogen existierte und die die Aufgabe hatte, reine Engelenergie auf Erden zu erhalten. Sie lebte so abgeschlossen für sich, daß ihre Existenz mit der Zeit zu einem Mythos wurde, von dem nur wenige wußten. Sie lebten im mer noch in ihrem allerersten Körper. Wir wollen sie den "Rat der Weisen" nennen.
- Die oberste Kaste wurde durch die Priester und Staatsoberhäupter repräsentiert, deren Mitglieder immer wieder durch hierfür ausgebildete Archantayas in diese Kaste hineingeboren wurden. Einen spezieller Zeugungsakt ermöglichte es einigen von ihnen, ihr Engelbewußtsein auch im sogenannten täglichen Leben zu erhalten. Ihre Körper waren sehr lange lebensfähig.
- Die nächste Kaste setzte sich aus dem Bürgertum zusammen, das mit der Zeit Kaufleute, Lehrer, Wissenschaftler und Künstler beinhaltete. Die Einflußreichsten unter ihnen waren Archantayas in einem menschlichen Körper, der sich in nichts von dem eines Menschen unterschied. Diese Archantayas hatten bereits mehrere Leben gelebt und waren so weit in den Inkarnationszyklus eingetreten, daß sie mit Partnern zusammenlebten und selbst Kinder

zeugten. Zu dieser Kaste gehörten auch Menschen, die in den Schulen des Lebens ausgebildet worden und zu einflußreichen Persönlichkeiten im Laufe der Jahrhunderte und Jahrtausende herangereift waren.

– Die letzte Kaste war die größte und beinhaltete die restlichen Menschen. Es wurden die Menschen, die keinen Kontakt mit den Archantayas hatten, hinzugerechnet, aber auch diejenigen, die in den untersten Klassen der Schule des Lebens dienten. Sie alle hatten eine viel kürzere Lebensspanne als die Archantayas, egal in welcher Inkarnationsphase diese sich befanden. Die Körper dieser Menschen waren aber robust, und so konnten sie leicht für schwere körperliche Arbeit eingesetzt werden, wenn sie dies wollten. Die anderen lebten in Stämmen abseits der Städte und Siedlungen der Archantayas.

Die Kasten in Lemurien entsprachen den unterschiedlichen Entwicklungsstufen der Wesen, die sich auf der Erde befanden. Es war z.B. nicht so, daß die zweite Kaste der Staatsoberhäupter über die anderen streng regierte und sie dominierte, sondern daß die weisesten Archantayas die Aufgabe hatten, den Überblick über das Zusammenleben von Archantayas und Menschen zu wahren. Die Archantayas, die diese Rolle übernommen hatten, wußten genau, wer sie waren und warum sie auf der Erde lebten. Die verschiedenen Kasten zeigten damals also nicht auf, wer wen dominierte und beherrschte, sondern sie repräsentierten eher die Führung der Archantayas, die gekennzeichnet war von Weisheit, Liebe und Güte. In gewissem Sinne sah es zwar so aus, als ob sie über die Menschen regierten, aber diese hatten ganz zu Beginn um Führung gebeten, und als immer mehr Menschen zu den Archantayas kamen, mußte das Zusammenleben organisiert werden.

Über die Jahrtausende hinweg war also ein Kastensystem entstanden, das den unterschiedlichen Entwicklungsstufen entsprach und nichts zu tun hatte mit den späteren Kasten in einigen Ländern der Erde. Deswegen ist es vielleicht etwas irritierend und für euch schwer zu verstehen, wenn wir von Kasten in Verbindung mit Bewußtseinsentwicklungsstufen sprechen. In der Vergangenheit und auch heute noch steht die Aufteilung der Menschen in Kasten für Ungerechtigkeit, Ausbeutung und Starrheit – einige wenige reiche und privilegierte Menschen beuten die Arbeitskraft vieler Menschen zu eigennützigen Zwecken aus. Das geschah sehr oft in eurer Vergangenheit. In Lemurien hatte das Kastensystem, das ganz natürlich über die Jahrtausende hinweg entstanden war, lediglich den Zweck der liebevollen Organisation, zum Nutzen aller. Die unterste Kaste, die von den Lemurianern nicht als solche bezeichnet wurde, hatte die vollkommen freie Wahl, wie sie leben wollte. Der einzige Fall, wo eventuell eingegriffen wurde, war, wenn ein körperlicher Angriff auf ein Wesen einer anderen Kaste stattfand. Sprechen wir also von einer Kastenform, so hat dies nichts mit den heutigen noch bestehenden Kasten in einigen Ländern zu tun.

Ganz zu Beginn in Lemurien hatten also zwei verschiedene Arten von Wesen nebeneinander existiert – die Archantayas und die ehemaligen Bewußtseinsfunken. Diese hatten begonnen, sich zu vermischen und verschiedene Entwicklungsstufen waren dadurch entstanden. Gleichzeitig hatte sich auch ein Teil der Menschen in schnellen Schritten weiterentwickelt. Die Geschichte von Lemurien hatte somit die Annäherung und Vermischung von Archantaya und

Mensch zum Hauptthema. Es war eine glanzvolle und aufregende Zeit für alle Beteiligten in diesem Land.

Auf ein Geschehnis am Ende von Lemurien wollen wir jedoch noch eingehen. Innerhalb der Priesterschar hatte sich eine Gruppe gebildet, die mit Besorgnis die Entwicklung der Archantayas, die schon vor langer Zeit in den Inkarnationszyklus eingegangen waren, beobachtete. In ihren Augen hatten diese viel von ihrer einstigen Bewußtheit und Liebe verloren und es sah für sie so aus, als ob diese langsam in Unbewußtheit und in die Identifikation mit der physischen Ebene versinken würden. Den Priestern erschienen sie mit kühlen, manchmal sogar arroganten Zügen, da sie sich teilweise den Menschen weit überlegen vorkamen. Für die Priester war dies wie ein Zerfall des einstigen hohen Bewußtseins. Sie erkannten nicht, daß die Verringerung des Engelbewußtseins ein natürlicher Vorgang war, der durch die Vermischung mit den Menschen und deren Bewußtsein eingeleitet worden war. Außerdem ließen sie außer acht, daß die einstige Motivation dieser Archantayas für den Eintritt in den Inkarnationszyklus große Liebe und Mitgefühl für die Menschen gewesen war.

Die Priester hatten somit ebenfalls den einstigen Überblick verloren und waren gefangen in Beurteilung, da sie das, was mit den Archantayas, die in den Inkarnationszyklus eingestiegen waren, geschah, als nicht richtig und einem Archantaya nicht entsprechend empfanden. Sie hatten also ebenfalls etwas von ihrer Bewußtheit verloren, allein durch die Verurteilung ihrer Brüder und Schwestern, obwohl sie ihnen nur helfen wollten. Eine Kluft entstand zwischen den Archantayas. Zwar erkannten sie sich noch alle untereinander, egal welcher Kaste sie angehörten, aber teilweise, wohlgemerkt nur teilweise, entstand Entfremdung untereinander.

Der eigentliche Grund für die Verurteilungen einiger Priester war ihre Angst vor dem Verlust des Engelbewußtseins durch die körperliche Existenz. Die Priester empfanden das erste Mal "Angst" und "Widerwillen", erkannten dies aber nicht als solches. Sie wollten etwas gegen den Verlust tun und mobilisierten viele andere, die ähnlich empfanden. Einige von ihnen entschieden nach vielen Beratungen, daß der beste Weg auf Erden zu dienen, nicht der Einstieg in den Inkarnationszyklus wäre, sondern daß sie von einer feineren Ebene aus, der Ätherebene, das meiste ausrichten könnten.

Diese Priesterschar bestand zwar aus bereits wiedergeborenen Archantayas, aber sie waren aus einem Zeugungsakt eines Archantaya mit einem eigens dafür ausgebildeten Menschen oder zweier solcher Menschen hervorgegangen. Sie besaßen also noch ihre hohen Engelqualitäten, wenigstens erschien es ihnen so. Nach langen Beratungen und Vorbereitungen entmaterialisierten sie ihre physischen Körper und existierten von da an wieder auf der feinstofflich ätherischen Ebene. Das Entmaterialisieren mußte von ihnen lange vorbereitet und geübt werden und war für sie nicht einfach zu erreichen, da sie ja bereits mehrmals wiedergeboren worden waren. Es entsprach auch nicht dem natürlichen Fluß der Dinge, der damals die ständig wachsende Verdichtung aller Archantayas war. Zwar existierten die Mitglieder des Rats der Weisen immer noch in ihren ersten Inkarnationskörpern und erhielten die reine Engelenergie auf der Erde in ihrer Ursprungsform, aber für jeden Archantaya galt das Gesetz der Verdichtung, auch wenn es für einige von ihnen für viele Jahrtausende nicht im großen Umfang in Kraft trat.

Die Priester, die sich entschlossen hatten, auf der Ätherebene zu existieren, wehrten sich gegen diesen natürlichen Werdegang. Nach langen Übungen entmaterialisierten sie ihre physisch festen Körper und existierten auf der physisch feinstofflichen Ebene im Ätherkörper weiter. Sie lebten wie einst auf der Erde und erschufen quasi ein Ebenbild im feinstofflichen Bereich. Den Platz, an dem sich die meisten von ihnen aufhielten, nannten sie "Shambhala". Von dort aus wollten sie ihr Bewußtsein zum Wohle aller erhalten, aber sie sahen und erkannten nicht den Schatten ihrer Angst, der über allen lag. Früher oder später mußte jeder ihr ihnen so sicher erscheinendes Quartier verlassen und sich dem Abenteuer der Körperlichkeit, für das sie sich ja einst freiwillig entschieden und verpflichtet hatten, stellen. Bei jedem von ihnen geschah die Hinwendung zur Körperlichkeit aus unterschiedlichen Gründen. Die einen erkannten mit der Zeit ihre tiefen Beweggründe und nahmen daraufhin wieder einen festen Körper an. Andere konnten den feinstofflichen Körper aus vielen unterschiedlichen Gründen, hauptsächlich aber wegen ihrer Angst, nicht mehr halten, und sie mußten eher unfreiwillig auf die feste Ebene zurückkehren. Es war ein großer Schock, als sie plötzlich das waren, was sie nie sein wollten – ein verkörpertes Wesen. Durch den plötzlichen Übergang in die physisch feste Ebene entstand in ihnen ein übermächtiges Gefühl des Versagens und des Nichtkönnens. Widerwillen gegen die Körperlichkeit beherrschte von da an viele ihrer folgenden Inkarnationen, was eine fortschreitende Identifikation mit dem Körper und das Gefühl des Gefangenseins in ihm zur Folge hatte.

Die einstige Motivation für die Gründung von Shambhala war das hohe Ziel des Erhalts des Engelbewußtseins auf der Erde gewesen. Die Mitglieder von Shambhala litten aber bereits unter dem Verlust des vollkommenen Überblicks und unter der Verdrängung ihrer Angst vor dem weiteren Einstieg in die physische Ebene und vor dem Inkarnationsweg. Von daher mußte sich Shambhala früher oder später in der Geschichte der Erde wieder auflösen.

Atlantis

Als die Zivilisation von Lemurien ihren Höhepunkt überschritten hatte und sich eine neue Phase des Wachstums und des Lernens für alle Beteiligten, die auf der Erde wohnten, ankündigte, wurde von den Archantayas ein neues Gebiet für die nächste Hochkultur gesucht und ausgewählt. Dieser Kontinent bot mehr Möglichkeiten und Platz für ein noch größeres Experiment als Lemurien. Er wurde "Atlantis" genannt.

Zunächst begab sich der Rat der Weisen auf den Kontinent und bereitete ihn vor. Die Mitglieder des Rats verströmten gezielt ihre Energie in das Land, und sie errichteten an einem Platz mit der höchstschwingensten Energie ihren Palast, in dem sie die nächsten Jahrtausende verbringen sollten. Dieser Palast befand sich an einem abgelegenen, für alle auf dieser Insel wohnenden Menschen, geheimen Ort. Wurde später einmal ein Archantaya auserwählt, den Rat dort besuchen zu dürfen, war dies eine große Auszeichnung und Ehre für ihn.

Nach und nach siedelte zuerst die Priesterschar nach Atlantis über. Für einige Jahrhunderte existierten Lemurien und Atlantis parallel nebeneinander. Da dem Rat der Weisen aber vollkommen bewußt war, daß sich eine neue Phase ankündigte und Lemurien von der Erdoberfläche verschwinden würde, begann man bereits vorher mit dem Aufbau von Atlantis. Deswegen zog sich die Energie der noch hochentwickelten Archantayas, die als Priester dienten, langsam von Lemurien zurück. Nachdem der Rat der Weisen seine Zustimmung zur Besiedelung gegeben hatte, strömten die Priester aus und suchten geeignete Plätze zur

Errichtung all ihrer bereits in Lemurien gegründeten Forschungsinstitute und Schulen. Bald waren die Pläne erschaffen, nach denen die erste neue Stadt erbaut werden sollte, die zunächst zum größten Teil für die Priester und einige auserwählte Menschen bestimmt war. In Lemurien hatten einige Priester Geräte entwickelt, die Materie auf leichte Art und Weise zunächst aus der Erde bergen, dann bearbeiten und bewegen konnten. Diese Geräte arbeiteten vollkommen nach dem Willen der Archantayas und waren ein Ersatz für ihre einstige Fähigkeit, Materie allein aus der Geisteskraft erschaffen zu können. Mit ihnen wurden in kürzester Zeit alle notwendigen Paläste und Gebäude hergestellt, die wieder leuchtend, prunkvoll, ästhetisch und der Natur angepaßt waren. Benötigte man beim Erbauen der Gebäude Holz, so wurde ein Baum um Erlaubnis gefragt, ihn fällen zu dürfen und ein neuer wurde an seiner Stelle gepflanzt. Brauchte man Gesteinsplatten, fragte man das gesamte Ursprungsgebiet um Erlaubnis, diese herausnehmen zu dürfen, und durch eine Heilung der Archantayas wurde diese Erdspalte wieder geschlossen und begrünt. Alle Materialien, die man der Erde entnahm, wurden von den Archantayas auf die eine oder andere Art wieder ersetzt. Sie arbeiteten also mit der Erde und ihren Naturwesen zusammen, und die Erde gab ihnen großzügig und gerne. Natürlich war der neue Kontinent äußerst fruchtbar, was eines der Kriterien des Rats der Weisen war, ihn auszuwählen. Er bot alles, was zur Ernährung von Archantayas und Menschen nötig war: klares Wasser und fruchtbaren Boden.

In vielerlei Hinsicht war zu der damaligen Zeit alles leichter und einfacher auf der Erde. Die Luft war rein, das Wasser sauber und das Pflanzenreich gesund. Die gesamte Atmosphäre der Erde war vollkommen anders, als sie es heutzutage ist. Zum einen war sie rein physisch nicht verschmutzt, und zum anderen war sie nicht belastet von den Gefühlen und Gedanken der Menschen und der Archantayas, im Gegenteil, sie wurde regelmäßig durchströmt und gereinigt von der Energie des Rats der Weisen und von einer speziell hierfür ausgebildeten Priesterschar. Heutzutage ist die Atmosphäre physisch verschmutzt und zudem belastet von den Ängsten und unterdrückten Gefühlen und Gedanken zuvieler Menschen. Im Vergleich zu der heutigen Bevölkerungsdichte war diese damals verschwindend gering.

Durch diese Reinheit der Atmosphäre herrschte eine vollkommen andere Schwingung und viele Dinge, die ihr euch in euren kühnsten Träumen nicht vorstellen könnt, waren damals möglich. Es war noch eine Zeit der vielen kleinen Wunder, die aber nicht als solche, sondern als etwas ganz Normales, eingestuft wurden. Zeitweise war die Atmosphäre so verfeinert, daß physisch feinstoffliche Ebenen immer wieder in den sichtbaren Bereich traten und sogar für ganz einfache Menschen zu erkennen waren. Die Naturwesen konnten gesehen und als Teil der Natur und der Erde geehrt werden, oder Shambhala wurde als parallele Wirklichkeit in das Bewußtsein aufgenommen. Nichts war damals unmöglich! Die Atmosphäre vibrierte vor Energie und Liebe und die Natur setzte dies um in üppige Fruchtbarkeit. Das ganze Klima war wie ein gesunder Boden für Entfaltung und Wachstum. Die Archantayas waren sich vollkommen bewußt über das Zusammenspiel zwischen der auf der Erde herrschenden Schwingung und ihrer Energie. Sie wußten, daß sich ihr Innenleben im außen in allem widerspiegelte. Achtsam gingen sie mit allen Wesen um und hegten und pflegten die Erde, die ihnen in ihrem ursprünglichen Namen als "der blaue Gefährte der Liebe" noch bekannt war.

Einige Jahrhunderte existierten also Lemurien und Atlantis parallel nebeneinander, wobei Atlantis zunehmend an Bedeutung gewann. Insgeheim wurden aber von den Priestern Vorbereitungen getroffen, eines Tages ganz auf diesen Kontinent überzusiedeln. Als die Zeit des Untergangs von Lemurien näherrückte, waren alle wichtigen Institutionen und Schulen längst in Atlantis etabliert, und das Volk von Lemurien wurde eingeladen, zu kommen.

Viele nahmen das Angebot an, aber viele blieben auch, weil sie sich von dem neuen Land nicht angezogen fühlten und es ihnen auch ohne Archantayas in Lemurien gefiel. Sie entdeckten, daß sie unter diesen Umständen mehr Macht und Einfluß auf andere hatten. Einige Menschen der Bürgerkaste begannen mit der Zeit, die Menschen, die abgetrennt in Stämmen zusammenlebten, zur Arbeit zu zwingen und erste Anzeichen von Ausbeutung fanden statt. Ein neues Gefühl von Macht breitete sich in diesen Menschen und auch in einigen Archantayas, die bereits sehr oft durch Menschen wiedergeboren worden waren, aus. Teilweise verfielen sie in einen regelrechten Rausch, der ihnen unbegrenzte Möglichkeiten vorgaukelte. Das, was wir als Machtrausch bezeichnen, ist nicht zu vergleichen mit einer Machtausübung, wie sie heutzutage stattfindet. Damals wurde Macht entdeckt und in gewisser Weise damit gespielt, ohne brutal oder bösartig zu sein. Die Beteiligten testeten aus, wie weit sie gehen und was sie alles tun konnten, wozu die Ausübung von Macht über andere gehörte. Somit waren die einen zu beschäftigt mit diesem Spiel und die anderen zu besorgt über deren Wandlung, als daß sie versteckte Warnungen, die von Atlantis nach Lemurien gelangten, wahr, geschweige denn ernst nahmen. Sie alle starben, als Lemurien unterging. Bis zum Schluß blieben einige Priester im vollen Bewußtsein des nahen Todes, ohne diesem aber ängstlich entgegen zu sehen, in Lemurien. Freudig verließen sie ihre Körper, um bald darauf einen neuen in Atlantis anzunehmen.

Mit dem Untergang von Lemurien ging eine Lernphase zu Ende, wobei sich in den letzten Jahrhunderten bereits zukünftige Themen, die in Atlantis ausagiert werden würden, abgezeichnet hatten. Doch zunächst war in den neugegründeten Stätten von Atlantis alles leuchtend und frisch. Die Atmosphäre eines Neubeginns lag über allem. Herrliche Städte mit prunkvollen Residenzen entstanden für die Zusammenkünfte der Archantayas. Das, was in Lemurien bereits existiert hatte, wurde weiter ausgebaut. Die Forschungen der Priester nahmen zu und wurden intensiver. Die Ausbildungen auserwählter Menschen wurden verfeinert und erweitert. Die Schulen vergrößerten sich. Atlantis erlebte einen enormen Zustrom von Menschen aus anderen nahegelegenen Teilen der Erde. Viele kamen und wollten teilhaben am Lernen und am Wohlstand dieses Volkes, das neu hinzugekommenen Menschen am Anfang oft so seltsam erschien. Für alle diese Menschen mußte eine Unterkunft geschaffen, ein Platz in einer Schule eingerichtet und enorme Mengen an Nahrungsmitteln erzeugt werden.

Durch den ständigen Zustrom an Menschen bekam die Organisation des Zusammenlebens im Laufe der ersten Jahrhunderte des Bestehens von Atlantis eine immer größere Bedeutung. Hierbei war das Kastensystem, das sich in Lemurien als ein natürliches Einordnungssystem für die unterschiedlichen Bewußtseinsformen herausgebildet hatte, sehr hilfreich. War es in Lemurien eher ein im Hintergrund stehendes Hilfsmittel für die Orientierung der Menschen, so bildete es sich in Atlantis zu einer festen Struktur aus und trat immer mehr in den Vordergrund. Dies war nötig, um den vielen neuen Menschen gemäß ihrer Entwicklung einen Platz zuweisen zu können. Dadurch konnten diese sich als Teil eines großen Organismus und Ordnungssystems fühlen und sich leicht in die "Kommune" Atlantis einfügen.

Atlantis bot mehr Raum als vorher Lemurien für die Entwicklung einer großen Anzahl von Menschen. Lemurien kann man mit einem Dorf vergleichen, Atlantis mit einer riesigen Metropole. Zu Beginn von Atlantis bevölkerte eine große Anzahl von Archantayas das Land. Die meisten lebten und arbeiteten in ihren selbst erschaffenen Städten. Andere lebten in kleineren Dörfern, wo sie Menschen für die Schulen des Lebens vorbereiteten. Wieder andere lebten zurückgezogen und still in entlegenen Weilern. Der Rat der Weisen hatte sich, wie bereits erwähnt, einen geheimen Platz mit der höchsten kosmischen Ein- und Ausstrahlungsenergie geschaffen, der in einem völlig einsamen Teil der Insel lag und als unwirtlich galt, was aber lediglich eine Schutzmaßnahme des Rats der Weisen war. Dieser Platz sollte vom übrigen Geschehen vollkommen rein gehalten werden, damit der Rat ungestört seine Aufgaben erfüllen konnte. Die auf der Erde höchstschwingenste Energie war an diesem Platz konzentriert. Von dort aus standen die Mitglieder des Rats der Weisen mit den Hohepriestern und Staatsoberhäuptern, die ihre Aufgaben in den Städten erfüllten, geistig in Verbindung und leiteten diese an. Agampa-Engel hatten dort ihre Audienzen und besprachen mit dem Rat weiteres Vorgehen. Hauptsächlich generierte der Rat jedoch Energie, indem seine Mitglieder beständig in der Erinnerung und Verbindung mit ihrem Ursprungsbewußtsein der siebten Engel-Entwicklungsstufe blieben. Zum Rat der Weisen gehörten auch einige Engel der siebten Entwicklungsstufe, die auf die erste und zweite Engelebene gestiegen waren, als die Entscheidung gefällt werden mußte, ob sie auf der Erde oder von der Engelebene aus dienen wollten. Seitdem haben sie beständig Energie an die auf der Erde existierenden Mitglieder des Rats der Weisen gesandt, für die sie trotz ihres Engeldaseins vollkommen real waren. Für den Rat der Weisen gab es keinen Unterschied zwischen verkörperten menschlichen Formen und feinstofflichen, nichtphysischen Engelwesen. Alle diese Ebenen waren für sie existent und real.

Der Rat der Weisen hatte den vollkommenen Überblick über das Geschehen und die Entwicklung auf der Erde. Er war, durch das Erfassen der vorhandenen Energie, z.B. in den Schulen oder sogar in ganzen Städten, über alles informiert. Die Mitglieder des Rats mußten sich nur auf etwas Bestimmtes einstimmen und schon nahmen sie das Geschehen wahr. Ihnen allen war ihre Bedeutung für die Entwicklung auf der Erde bewußt. Dadurch, daß sie anwesend waren und ihre Energie verströmten, war die Atmosphäre geprägt von Bewußtheit und Liebe, was besonders am Anfang der Entwicklung eines jungen Bewußtseins eine große Unterstützung und Anregung ist. Der Rat hatte nun schon viele Jahrtausende, ja sogar mehrere Erdzyklen, auf der Erde gedient, und seine Mitglieder wußten, daß dieser Zyklus in Atlantis für sie der letzte war! Von Anfang an hatten sie gewußt, daß das Dienen auf der Erde in dieser Form und auf diese Art begrenzt und nur nötig war, bis eine gewisse Entwicklung erreicht war. Auch sie unterlagen dem Gesetz der Körperlichkeit, obwohl es schien, als hätten sie es bereits vor vielen Jahrtausenden für sich aufgehoben. Und obwohl beständig Engelenergie, die sie erfrischte und ernährte, ungehindert durch sie hindurchfloß, fühlten sie sich langsam alt und etwas müde. Deswegen traf der Name "der Rat der weisen Alten" ab diesem Zeitpunkt besser auf sie zu.

Das Leben in Atlantis war von Anfang an sehr gut durch die sogenannten Kasten geregelt und strukturiert. An oberster Stelle stand immer noch der Rat der weisen Alten, der aber zunehmend in den Hintergrund trat und von den Bewohnern der Erde langsam ganz vergessen wurde. Obwohl seine Mitglieder weiterhin laufend ihre Energie verströmten und mit einigen Hohepriestern direkt in Kontakt standen, wurden sie für die übrige Bevölkerung im Laufe der Jahrtausende in Atlantis immer mehr zu einem Mythos.

Die Kaste der Priester und Staatsoberhäupter, die die offizielle Regierung des Landes stellte, wurde zunehmend mächtiger. Sie bestand weiterhin aus Archantayas, die immer wieder in sie hineingeboren wurden. Trotz der relativ hohen Bewahrung ihres Bewußtseins und einer fortwährenden Schulung fiel mit der Zeit der Schleier des Vergessens über sie. Nur in tiefster Meditation erreichten sie, und schon lange nicht mehr alle von ihnen, ihr ursprüngliches Bewußtsein der siebten Engelentwicklungsstufe. Ein Hohepriester wurde derjenige, der noch um ihren gemeinsamen Ursprung wußte und der dieses Wissen an seine Nachfolger weitergab. Somit kannte er den Weg der Archantayas in die Materie hinein und hatte den Überblick über das Geschehen. Für ihn war ein Hadern mit der Situation, das in anderen Priestern bereits entstanden war, überflüssig. In vielen Priestern bildete sich langsam ein gewisser Anflug von Unzufriedenheit, den sie selbst zunächst kaum wahrnahmen, der sich in ihnen aber als Unterströmung immer mehr ausbreitete. Diese Unzufriedenheit wirkte wie ein zersetzender Faktor in ihrem seelischen Gleichgewicht und zerriß sie innerlich zunehmend. Als sie dieses Gefühl in sich wahrnahmen, waren sie zunächst erstaunt darüber. Was war das für ein Gefühl und was sollten sie damit tun? Woher kam es und wie konnten sie es wieder auslöschen? All solche Fragen tauchten in ihnen auf. Sie meditierten, machten ihre Körperübungen und versuchten alles mögliche, aber das Gefühl blieb unterschwellig vorhanden und kam immer wieder zurück. Was war der Grund hierfür?

Die eigentliche Ursache für ihre Unzufriedenheit war das Vergessen ihres Ursprungs. Die Priester meditierten zwar und hatten immer noch sehr hohe Kräfte, aber in ihren Meditationen und Kontemplationen erreichten sie nicht mehr ihr Ursprungsbewußtsein. Sie erfuhren höchste Stille und Weite in ihren Übungen, aber nicht mehr die allerletzte, die für sie tiefstmögliche Erfahrung der siebten Engel-Entwicklungsstufe. Dadurch erfuhren sie ein Sehnen in sich, das sie am Anfang zu zerreißen schien.

"Da war doch noch mehr, da ging es doch noch weiter", sagte etwas durch den Schleier des langsamen Vergessens in ihnen. "Das war doch nicht alles", stöhnte es nach jeder Meditation in ihnen. In gewisser Weise erfuhren die Priester damals, als das Vergessen begann, unglaubliche Qualen. Sie sehnten sich nach etwas, das sie einst gekannt hatten, an das sie sich aber nicht mehr erinnern konnten!

Unzufriedenheit breitete sich in ihnen aus, die durch etwas ausgeglichen werden mußte. Daraus resultierte, daß sie nach Ersatz für ihr einstiges uneingeschränktes Gefühl des Verbundenseins mit allem, für das Wissen um ihren Ursprung und den Grund ihres Hierseins und ihrer Aufgabe suchten. Jeder von ihnen fand einen anderen Ersatz und stürzte sich voller Elan darauf. Die einen erforschten das

Wesen und die Psychologie des Menschen, die anderen erfanden Geräte zur Verbesserung des Lebens, andere wiederum widmeten sich medizinischen Studien. Ihr seht, liebe Leser, unsere Archantayas widmeten sich nun noch intensiver ihren Aufgaben. Doch diese Forschungen hatten einen neuen, einen anderen Beigeschmack, als diejenigen, die in Lemurien stattgefunden hatten. Dort war Freude und Entdeckungsgeist der Motor gewesen. Jetzt war der Hauptmotor, zusätzlich zur Freude am Entdecken, die latente Unzufriedenheit und das fortschreitende Vergessen. Die Priester stürzten sich also in ihre Studien und natürlich traf das eben Beschriebene auch auf die Archantayas, die Staatsoberhäupter waren, zu. Sie nahmen ihre Aufgabe, das Land zu regieren, noch ernster und genauer und gingen ganz darin auf. Das bewirkte in ihnen allen im Laufe der Jahrhunderte zwar eine fortschreitende Identifizierung mit ihren Aufgaben, aber es ermöglichte auch, daß ihre inneren "Qualen" nachließen. Je mehr sie sich ihren Studien und Aufgaben widmeten und ihre Aufmerksamkeit darauf richteten, um so geringer wurden die einstigen Schmerzen. Vergessen senkte sich langsam über sie, bis fast kein Schimmer, wenigstens nicht mehr so oft oder wie am Anfang ständig, einer Sehnsucht nach etwas einst Bekanntem in ihnen übrig blieb.

Das Ergebnis des erfolgreich erscheinenden Bekämpfens dieser Sehnsucht der Archantayas durch ihre Studien waren überwältigende Verbesserungen für alle Bewohner der Erde. Es wurden medizinische Schulen und Abteilungen gegründet, in denen Menschen von Krankheiten geheilt wurden. Die erstaunlichsten Instrumente zur Verbesserung aller Tätigkeiten im Bereich der Medizin, der Astronomie, der Landwirtschaft und des Okkultismus wurden erschaffen.

Laufend entstanden neue Forschungszweige und ein reges Schalten und Walten herrschte unter den Priestern.

Seit dem Beginn von Atlantis hatten sich ihre Gebäude ständig vergrößert und zu riesigen Tempelanlagen erweitert. Diese Anlagen bestanden aus einem abgeschlossenen und einem öffentlichen Teil. Der abgeschlossene Teil war nur für die Priester zugänglich. In diesem befanden sich wiederum nur für die höchsten Priester zugängliche Bereiche. In der abgeschlossenen Tempelanlage wohnten, lebten und arbeiteten die Priester. Nur wenn sie öffentlichen Aufgaben nachgingen, wie z.B. der Schulung auserwählter Menschen, begaben sie sich in den öffentlichen Teil der Tempelanlage. Ansonsten bewegten sie sich in einer nur für sie geschaffenen "Stadt", die alles beinhaltete, was sie benötigten: Wohnungen, Forschungs- und Lehrstätten, Meditations- und Versammlungshallen, Werkstätten, Ateliers und wunderbare Gärten und Parkanlagen.

Der öffentliche Teil der Tempelanlagen bestand aus den Schulen für auserwählte Menschen, aus Versammlungsplätzen, Meditationshallen und medizinischen Einrichtungen, die auch alle von Gärten und Parkanlagen umgeben waren. Der öffentliche Teil war der Treffpunkt der Priester mit dem Volk, das von ihnen Rat wollte und das angeleitet oder geheilt werden wollte. Um die gesamte Tempelanlage herum wohnte und arbeitete die Kaste der Bürger. Die sogenannte unterste Kaste lebte in bescheidenen Strohhütten in den daran angrenzenden Gebieten.

Die gesamte Tempelanlage war aus hellen leuchtenden Steinen der unterschiedlichsten Art erbaut. Wieder wurden verschiedene Formen zum Ausdruck des in den Gebäuden stattfindenden Geschehens verwendet. Alle Formen mit harmonischen Schwingungen waren vertreten, runde Formen lösten sich z.B. ab mit quadratischen, achteckigen, geschwungenen oder pyramidalen. Überall waren Kunstwerke verteilt und genauestens plaziert, wobei die Tempelanlage selbst ein einziges Kunstwerk war. Befestigte Straßen, die ebenfalls aus weißem Stein und teilweise sogar überdacht waren, verbanden die einzelnen Gebäude.

Den Teil der abgeschlossenen Tempelanlage, der ausschließlich den höchsten Priestern zugänglich war, erreichten diese nur durch ihre rein geistige Kraft. Er war sozusagen versiegelt und es war nur ihnen bekannt, wie diese Versiegelung aufzulösen war. In ihm herrschte die höchstschwingenste Energie innerhalb der Tempelanlage und er war nach dem Ort, an dem der Rat der weisen Alten lebte, der nächststärkste Träger der Engelenergie auf Erden. Die höchsten Priester begaben sich zu diesem geheimen Tempel, wenn sie spürten, daß sie vom Rat der weisen Alten gerufen wurden, weil er sie anleiten wollte. Der Platz des geheimen Tempels war einst vom Rat genauestens ausgesucht und bestimmt worden. Der eigentliche Tempel bestand aus einer Halle, erbaut aus edelstem Marmor und beinhaltete nichts außer einem großen Bergkristall, der in seiner Mitte stand und den gesamten Raum bestimmte. Der Bergkristall wurde regelmäßig vom Rat der weisen Alten mit Energie aufgeladen. Dieser strahlte sie wieder ab, so daß der gesamte Tempel vor Energie vibrierte. Bei ihren Besuchen konnten sich die Priester mit dieser Energie aufladen und sich dadurch leicht an ihren eigentlichen Ursprung erinnern. Hauptsächlich kamen sie aber in diesen Raum, um Anweisungen und Hinweise vom Rat der weisen Alten über Energieströmungen innerhalb der Priesterschar und des Volkes zu erhalten. Ebenso wurden Anweisungen für die Staatsoberhäupter übergeben, wie sie diesen Strömungen entgegentreten und mit ihnen umgehen konnten. In den ersten Jahrtausenden nach der Gründung von Atlantis wurde somit das Leben immer noch von der auf der Erde sich befindenden höchsten Energie geregelt. Die Hohepriester stellten das Verbindungsglied zwischen dem Rat der weisen Alten und dem Rest der Priester und den Staatsoberhäuptern dar. Das Oberhaupt der Hohepriester stand mit dem höchsten Staatsoberhaupt von ganz Atlantis in ständigem Kontakt, und sie beide waren zusammen die höchststehensten Repräsentanten aller Archantayas.

Die Tempelanlage hatte also einen geheimen Kern, an den nur die Hohepriester gelangen konnten. Um diesen Kern herum befanden sich die Gebäude und Stätten der Priester und darum herum die öffentlich zugänglichen Tempelstätten. Die Wohn- und Geschäftshäuser, die sich um die gesamte Tempelanlage herum gebildet hatten, waren aus nicht ganz so edlem Material erbaut, jedoch dem Stil der Tempelgebäude angepaßt. Es wurde Wert gelegt auf Großräumig- und Großzügigkeit, und die Villen waren reich verziert und bemalt. Die Schönheit der Tempel sollte, nach dem Empfinden der Eigentümer dieser Häuser, wenigstens einen schwachen Widerschein finden. Befestigte Straßen durchzogen das gesamte Gebiet. Von Anfang an hatte jedes Haus einen Brunnen und somit sein eigenes Wasser und einen Abfluß für das verbrauchte und verschmutzte Wasser, also eine Kanalisation. Die Schönheit der Städte wurde nicht durch eine Belästigung von Schmutz und Gestank getrübt. Alles war bis ins kleinste Detail hinein organisiert und geregelt.

Die Kunst hatte in Atlantis eine große Bedeutung und wurde besonders gefördert. Es gab unzählige Ateliers von Malern und Bildhauern. Es existierten Musikschulen, in denen Sänger und Sängerinnen ausgebildet und Orchester gegründet wurden. Es gab Schauspiel- und Tanzschulen, in denen die Begabtesten entdeckt und gefördert wurden. Leiter dieser Schulen waren zunächst immer Priester. Durch das Fördern von Musik, Tanz und Gesang hatten diese viele Möglichkeiten, das Volk auf leichte spielerische Art anzuleiten und ihm spirituelle Werte zu vermitteln. Das Mysterium des Lebens wurde ihm in Liedern, Bühnenstücken oder Bildern nahegebracht. Jeden Monat wurde eine Bühnenveranstaltung mit jeweils einem neuen Thema in einer Versammlungshalle im öffentlichen Tempelteil angeboten, und jeder der wollte, konnte kommen. Ebenso gab es Veranstaltungen, in denen Verbesserungen für das tägliche Leben vorgestellt wurden, die vor allem für die Menschen der untersten Kaste von Interesse waren.

Die meisten Menschen der untersten Kaste, die in bescheidenen Hütten abseits der Häuser des Bürgertums lebten, arbeiteten auf dem Feld und bestellten das Land. Sie wurden von einem Menschen angeleitet, der extra für diese Aufgabe von Priestern ausgebildet worden war. Andere, die den Wunsch verspürten zu lernen, besuchten die Schulen des Lebens. Aber alle von ihnen, die in der Nähe der Archantayas lebten, fühlten sich angezogen von der besonderen Energie des Tempels und seiner Bewohner. Sie wollten auf die eine oder andere Weise an dieser Energie teilhaben, ob ihnen dies bewußt war oder nicht. Deswegen arbeiteten sie für die Archantayas oder begannen von ihnen zu lernen. Über ganz Atlantis verteilt entstanden immer mehr Dörfer und kleinere Städte, die beständig wuchsen und die von Archantayas regiert wurden.

Wie aber erging es den Archantayas, die bereits seit vielen Inkarnationen direkt unter den Menschen lebten? Sie waren die führenden Persönlichkeiten der Bürgerkaste, aber der Schleier des Vergessens hatte sich vollkommen über sie gelegt. Ihre Kraft, ihr Mut und ihre innere Schönheit waren jedoch ungebrochen, und ihr einstiges Engeldasein strahlte immer noch durch sie und ihre Taten hindurch. Nur waren sie inzwischen vollkommen identifiziert mit dem, was sie taten. Aber sie waren die schönsten, klügsten und liebevollsten Menschen der Bürgerkaste – sie waren ihre Elite.

Jahrtausende vergingen und Entwicklung fand auf allen Gebieten in rasendem Tempo statt. Die Städte wurden größer und in ganz Atlantis lebten nun sehr viele Menschen. Die Forschung im Bereich der Technik und der Medizin hatte sich fortwährend weiterentwickelt. Mit anderen Ländern wurden Beziehungen geknüpft, und Botschafter von Atlantis lebten bereits in diesen befreundeten Gebieten. Somit herrschte ein sehr bewegtes Geschehen im ganzen Land und sogar über seine Grenzen hinaus.

Die Archantayas hatten nun bereits seit vielen Jahrtausenden auf der Erde gelebt und Erfahrungen auf der physischen Ebene gesammelt. Die meisten von ihnen waren sich nicht mehr über ihren eigentlichen Ursprung bewußt, und alle hatten den Sprung in die Materie vollzogen!

Nur noch der Rat der weisen Alten und einige Hohepriester waren sich der ihnen allen gemeinsamen Quelle bewußt. Aber nach den vielen Jahrtausenden in Atlantis, Lemurien und Ur war es für den Rat der weisen Alten an der Zeit, zu gehen. Der Punkt war erreicht, an dem die Archantayas nun vollkommen allein und auf sich gestellt ihre Erfahrungen machen mußten. Die Energie der weisen Alten wurde nicht mehr gebraucht, da alles auf das beste für die Menschen und die Archantayas geregelt war. Ihre Mission auf der Erde war beendet. In gewisser Weise waren sie froh darüber, denn sie fühlten sich müde und erschöpft. Sie sehnten sich danach, die physische Ebene zu verlassen, um wieder ganz mit ihrem Engeldasein verschmelzen zu können. Wir sagten ja bereits, daß auch sie, während der Dauer ihres Aufenthalts auf Erden, den Gesetzen der Körperlichkeit unterworfen waren, obwohl sie die gesamte Zeit in ihrem allerersten Inkarnationskörper existiert hatten. Daß dies für sie möglich war, hatte seinen Grund in dem beständigen Kanalisieren der Engelenergie und der Aufrechterhaltung des Körpers durch Prana. Seit längerer Zeit waren sie müde und erschöpft, aber nun fühlten sie, daß sie gehen konnten. Die Energie auf der Erde war insgesamt soweit stabilisiert, daß sie überflüssig waren. Nach diesem langen Dienst war in ihnen neben dem Gefühl der Freude auch etwas Wehmut darüber, nun all ihre Freunde zu verlassen. Noch einmal verströmten sie ihre Energie über Atlantis und verabschiedeten sich von den letzten bewußten Hohepriestern. Dann versammelten sie sich im Kreis, fokussierten sich auf die siebte Engelebene und verließen ihre menschlichen physischen Körper, die sie in Licht auflösten. Gemeinsam, auch mit den Mitgliedern des Rats, die auf der ersten oder zweiten Engelebene existiert hatten, erreichten sie die siebte Engel-Entwicklungsstufe. Dort empfingen sie die Meister der Ur-Sonne:

Geliebte Kinder, wir begrüßen euch
und heißen euch willkommen.
Eure Aufgabe auf Erden ist beendet
und ihr alle habt sie zu unserer
vollsten Zufriedenheit erledigt.
Sie hat euch große Mühen abverlangt,
aber ihr alle seid hierbei
gewachsen und gereift.

Voller Freude und Stolz
blicken wir auf euch.
Ihr seid die ersten,
die von dieser
Expedition zurückkehren.

Jeder von euch hat einst
eine andere Aufgabe übernommen.
Ihr, die ihr die Aufgabe hattet,
reinste Engelenergie auf
der Erde zu erhalten,
ward vor großen
Anforderungen gestanden.
Ihr mußtet in einem
physischen Körper existieren
und gleichzeitig beständig
das Bewußtsein der siebten
Engel-Entwicklungsstufe erhalten.
Ihr durftet euch nicht dem Sog
des Vergessens hingeben,
der früher oder später
alle unsere geliebten Kinder
einnehmen wird.

Es könnte so erscheinen,
als ob eure Aufgabe
die leichteste war.
So ist es nicht!
Über die Jahrtausende hinweg
habt ihr tapfer und mutig
dem natürlichen Fluß
der Dinge widerstanden.

Dies war eure,
euch selbst auferlegte Aufgabe,
die wichtig für alle
anderen Archantayas war.
Für die anderen ist
und war es wichtig,
sich dem natürlichen Fluß der Dinge,
dem Vergessen, hinzugeben.

Nun steht ihr wieder
außerhalb des Zeitgeschehens!
Hier spielt Zeit keine Rolle.
Jahrtausende auf der Erde sind hier
wie der Atemhauch einer Sekunde.

Wir sehen eure
zwiespältigen Gefühle.
Einerseits fühlen wir eure Freude,
wieder hier zu sein,
andererseits ist in euch eine
gewisse Wehmut darüber,
eure Freunde zurückgelassen zu haben.

Bedenkt,
es ist einst ihre freiwillige
Entscheidung gewesen,
diese Schritte zu tun und
wir sind überzeugt davon,
daß sie sich auch jetzt
nicht anders entscheiden würden.

Alle anwesenden einstigen Archantayas stimmten den Meistern der Ur-Sonne zu, und die Last der Wehmut fiel von ihnen ab. Nun waren sie wieder ganz die Engel der siebten Entwicklungsstufe. Die Meister der Ur-Sonne fuhren fort:

Geliebte Kinder,
ihr alle habt eure Aufgabe
zu unserer vollsten Zufriedenheit
erledigt und nicht nur das,
ihr habt euch durch diese Expedition
für die achte Entwicklungsebene qualifiziert.
Ihr alle habt die Prüfung bestanden,
und ab jetzt steht es euch frei,
wann immer ihr wollt,
dort euren Dienst für
das Große-Ganze fortzuführen.

Die Engel der siebten Entwicklungsstufe waren tief gerührt von den Worten der Meister der Ur-Sonne, und einer von ihnen sprach für sie alle zu ihnen:

Geliebte Meister der Ur-Sonne,
voller Dankbarkeit und Ehrfurcht
blicken wir auf zu euch.
Große Freude herrscht
in uns darüber vor,
wieder vollkommen eins
mit dieser Ebene zu sein.
Wir empfinden auch
große Freude darüber,
daß wir unsere Aufgabe zu eurer
vollkommenen Zufriedenheit erledigt

und daß wir uns für die nächste
Erfahrung noch größerer Einheit
qualifiziert haben.
Wir wissen, daß der Schritt
auf die achte Engel-Entwicklungsstufe
eine hohe Auszeichnung ist und
daß uns die neuen Aufgaben in
ganz andere Gebiete des
Bewußtseins ziehen würden.
Von dort aus wären wir
nicht mehr erreichbar
für unsere Freunde,
die noch auf der Erde weilen.
Wenn wir aber warten,
wenn wir auf der
siebten Entwicklungsstufe bleiben,
werden sie hier in uns immer
Vertraute vorfinden.

Wir fühlen keine Wehmut mehr,
unsere Freunde zurückgelassen zu haben,
aber wir fühlen uns mit ihnen
und ihrem Schicksal verbunden.
Wir möchten ihnen weiterhin
eine Hilfe sein.
Immer wenn sich einer
von ihnen zurückerinnert,
soll er uns als einstige Vertraute vorfinden,
die ihn freudig willkommen heißen.

Somit verschieben wir unseren Aufstieg
in die achte Entwicklungsstufe gerne,

um für unsere Freunde in den
Momenten ihrer Erinnerung,
ihres endgültigen Aufstiegs
und ihrer Rückkehr in
diese Bewußtseinsebene
da zu sein.

Geliebte Meister der Ur-Sonne,
dies ist unsere Entscheidung.

Die Meister der Ur-Sonne lächelten. Sie hatten diese Entscheidung bereits erkannt, als sie ihr Wort an die Engel der siebten Entwicklungsstufe gerichtet hatten, und sie stimmten ihnen zu:

So soll es sein!

Alle Mitglieder des Rats der Weisen existieren seitdem auf der siebten Engel-Entwicklungsstufe und warten geduldig auf ihre Freunde. Noch lange nach ihrem Weggang war ihre Energie durch den Kristall im geheimen Tempel der Hohepriester auf Erden präsent. Über eine lange Zeit trug er die reine Energie des Rats der Weisen in sich und verströmte sie gleichmäßig.

Nur die letzten bewußten Hohepriester wußten von der grundlegenden Veränderung, die stattgefunden hatte. Ihnen war klar, daß nun eine ganz neue Phase der Entwicklung beginnen würde – eine Phase, in der die Menschen und die Archantayas ganz auf sich gestellt sein würden, ohne die beständige Unterstützung des direkten Zustroms an reiner Engelenergie. Natürlich war es nicht so, daß sie nun völlig allein waren. Nein, da war immer noch die unterstützende und hilfreiche Energie von Samos Kantar und den Agampa-Engeln, aber ihr werdet verstehen, liebe Leser, daß ein wichtiger Faktor an positiver Energie für sie weggefallen war. Die Menschen und die Archantayas mußten nun lernen, ohne diese Quelle auszukommen. Beide waren reif und fähig dazu und genügend auf der Erde zentriert.

Somit wußten nur noch die letzten bewußten Hohepriester von der Geschichte der Erde, von den einstigen Bewußtseinsfunken und vom Ursprung der Archantayas. Diese Hohepriester waren nun die Träger der größten Bewußtheit auf Erden, und sie erneuerten und erfrischten sich beständig in ihrem geheimen Tempel, der nun Träger der höchsten Energie auf Erden war. Der einstige Palast des Rats der Weisen wurde nie gefunden, so als hätte er niemals existiert.

Der große Kampf

Zunächst erschien es nach dem Weggang des Rats der Weisen so, als ob alles seinen normalen Gang und seine normale Entwicklung nehmen würde. Veränderungen waren zunächst nicht offensichtlich spürbar, sie waren jedoch nicht zu vermeiden. Dadurch, daß der Rat beständig seine Energie über Atlantis und die ganze Erde verströmt hatte, war die Atmosphäre laufend gereinigt und erneuert worden. Kein Schmutz, keine negativen Gefühle oder Gedanken hatten sich tiefgreifend und für lange Zeit auf der Erde und in den Menschen festsetzen gekonnt. Nun gab es nur noch den Kristall, der die Energie des Rats gespeichert hatte und diese gleichmäßig verströmte. Aber eine Reinigung fand nicht mehr in diesem großen Maße statt. Auch die Hohepriester konnten die einstige Aufgabe des Rats nicht erfüllen, da sie mit vielen anderen Arbeiten vollkommen beschäftigt waren. Langsam verlor die Atmosphäre auf der Erde etwas von ihrem Leuchten und ihrem Glanz. Das Feinstoffliche, das Wunderbare trat immer mehr in den Hintergrund. Erinnert ihr euch noch, liebe Leser, daß die Atmosphäre auf der Erde einmal so rein gewesen war, daß sogar Shambhala, das auf der feinstofflichen Ebene existierte, teilweise sichtbar und jeder Tag voller neuer Wunder gewesen war? Diese Reinheit verschwand nach dem Weggang des Rats langsam von der Erde.

Ihr könntet dies bedauern, liebe Leser, und sagen, daß dadurch etwas für die Erde und die Menschen verloren gegangen war. Von unserer Warte des Gleichmuts alter weiser Männer aus, ist das jedoch nicht so. Die Menschen und die Archantayas mußten nun ihren Weg ohne die Unterstützung des Rats weitergehen und ihre Erfahrungen machen, so wie ein Kind sein Elternhaus verläßt, wenn es erwachsen wird. Die Menschen hatten die ersten wichtigen Impulse im Laufe der vielen Jahrtausende ihrer Existenz auf der Erde bekommen und waren insgesamt gefestigt. Die Archantayas, die sich einst freiwillig entschieden hatten, den Menschen zu dienen, waren in jeweils unterschiedliche Entwicklungsstadien eingetaucht. Fast alle hatten vergessen, wer sie wirklich waren und warum sie auf Erden lebten, außer den letzten bewußten Hohepriestern. Diejenigen, die vergessen hatten, identifizierten sich vollkommen mit ihren Aufgaben und ihrem Dasein auf Erden. Die Priester führten ihre Forschungen und Meditationen fort. Die Staatsoberhäupter übten sich im gerechten und weisen Regieren. Die anderen Archantayas, die bereits in der Bürgerkaste lebten, verbanden sich immer mehr mit den Menschen und gaben ihr Erbgut durch die Zeugung neuer Kinder weiter an die Menschheit. Man könnte nun meinen, daß die Archantayas jetzt allesamt unbewußt waren. Das war aber nicht so. Ja, sie kannten ihren Ursprung nicht mehr. Der Schleier des Vergessens hatte sich über sie gelegt, als natürliche Folge der immer stärkeren Verbindung mit der Materie. Aber alle waren starke Persönlichkeiten, die auf die Menschen großen Einfluß hatten. Sie bestimmten das Geschehen auf der Erde durch ihr immer noch vorhandenes hochentwickeltes geistiges Potential, das dem der Menschen weit überlegen war.

Die Jahrtausende vergingen, und im Laufe der Zeit machte sich der Weggang des Rats der Weisen bemerkbar. Das, was am Ende in Lemurien stattgefunden hatte, nachdem die Archantayas nach Atlantis übergesiedelt waren, nämlich das Entdecken von Macht, breitete sich in der Bevölkerung immer weiter aus. Ein Streben nach Macht war in den Archantayas und den Menschen zwar bereits in all den letzten Jahrtausenden in Lemurien und Atlantis vorhanden gewesen, es war aber durch die Energieströme des Rats der Weisen transformiert worden. Da diese transformierende Energie nun weggefallen war, konnte sich Macht oder das Bedürfnis nach Macht ungehindert entfalten, wobei es sich in den Auswirkungen unterschied, ob es ein Mensch oder ein Archantaya zuließ. In gewisser Weise begann jetzt die Phase, in der beide ihre Unschuld verloren. Sie erwachten wie aus einem schönen Traum und standen vor der harten Realität des Lebens. Die Zeit des Spielens, der Leichtigkeit, der Freude und des Gesangs war vorbei!

Natürlich vollzog sich dieser Prozeß nicht abrupt, sondern begann langsam, am Anfang unmerklich, dann manifestierte er sich immer stärker. Etwas Neues bereitete sich vor. Eine mit dem Geschehen übereinstimmende Planetenkonstellation unterstützte diese Entwicklung sehr stark und beeinflußte sie. Dadurch baute sich laufend mehr Machtenergie in Atlantis auf. Wie zeigte sich das im täglichen Leben? In vielen Archantayas bildete sich ein immer stärker werdendes Überlegenheitsgefühl den Menschen gegenüber aus. Das zeigte sich in ihren Forschungen, ihrer Staatsführung, in allem, was sie taten und was einst aus dem Wunsch entsprungen war, den Menschen zu helfen. Da sich dieses Gefühl aber nicht in allen Archantayas ausbreitete, entwikkelte sich zwischen ihnen ein großer Konflikt. Eine Kluft entstand zwischen denjenigen, die vom Gefühl der Macht immer mehr berauscht wurden und denjenigen, die dieses Gefühl nicht empfanden und es auch nicht nachvollziehen konnten. Letztere versuchten zunächst, liebevoll auf ihre Brüder und Schwestern einzuwirken und sie umzustimmen, aber nichts konnte diese aufhalten. Unverständnis entstand zwischen den zwei Gruppen, und beide wurden in einen

Strudel von Emotionen hineingezogen. Die einen gaben sich zunehmend der Macht und einem Überlegenheitsgefühl hin, die anderen wurden von Tag zu Tag frustrierter darüber, daß sie diesen Zustand nicht ändern konnten. Das Drama von Gut und Böse entstand. Die einen hatten nach wie vor das Gute für die Menschen im Sinn und waren ihren Aufgaben hingebungsvoll ergeben, die anderen wollten bestimmen und sahen sich als die Herrscher über die Schwachen und Dummen, denen man den Weg weisen mußte. Ihr könntet nun sagen, daß die einen ja wirklich Gutes tun wollten und die anderen Schlechtes. Beide waren jedoch in den Fallen des Egos verstrickt. Diejenigen, die "Gutes" taten, begannen gegen das "Schlechte" zu kämpfen und ließen diese Einordnungen als Wertung in sich zu. Sie identifizierten sich damit, daß sie das Beste wollten, was bereits ein "Fehler", eine Falle des Egos, war.

Am Anfang ihres Daseins auf Erden waren sie alle eine Einheit gewesen. Zusammen hatten sie ihre Arbeit im Bewußtsein der All-Einheit getan. Je tiefer sie in die Materie eingedrungen waren und sich mit ihr verbunden hatten, um so mehr hatten sie diese All-Einheit, den Grund ihres Hierseins und die Gesetze, denen sie unterstanden, vergessen. Liebe Leser, erinnert ihr euch noch, was die Meister der Ur-Sonne einst zu ihnen gesagt hatten?

Ihr dürft nie manipulieren!
Ihr dürft nie in
das Wachstum
der Menschen eingreifen.

Das war das Gesetz, dem sie unterstanden. Dieses Gesetz, das sie vergessen hatten, wurde nun von der einen Gruppe der Archantayas mißachtet. Wir sagten zwar, daß sie es vergessen hatten, aber die Erinnerung daran war nie vollständig in ihnen ausgelöscht. Oftmals kam ein Gefühl in ihnen hoch, das aus dem Nichts aufblitzte und sie von ihrem Tun zurückhalten wollte und zu ihnen sagte, daß sie bestimmte Dinge nicht tun dürften. Doch das Streben nach Macht und ihre sogenannte Überlegenheit wischten es weg. Diese beiden Gefühle zusammen waren stärker und bewirkten, daß sie einen immer wiederkehrenden Anflug von schlechtem Gewissen ignorierten. Die anderen Archantayas kannten das Gesetz sehr genau und hielten sich daran. Ja, es war für sie gar keine Frage, ob sie es einhielten, denn ihr ganzes Sein war darauf ausgerichtet, alle Wesen zu respektieren und den Samen der Göttlichkeit in jedem zu ehren. Die Abwendung ihrer Brüder und Schwestern von diesen hohen Werten wurde eine große Prüfung für sie, die sie lange und tapfer ertrugen, die aber mit der Zeit an ihnen nagte und zerrte. Sie verstanden nicht, was mit den anderen geschah, und sie wollten es letztendlich auch nicht mehr verstehen. Sie wollten nur noch die Situation ändern und ihre Brüder und Schwestern zur Einsicht bringen. Diese aber sahen die Situation mit ganz anderen Augen.

Ein gigantischer Kampf begann! Die hohen Kräfte der Archantayas flossen nun größtenteils in diesen Kampf und je länger er dauerte, um so tiefer und unüberwindlicher wurde die Kluft zwischen den zwei Parteien. Die einen wurden regelrecht berauscht, unendliche Möglichkeiten schienen sich vor ihren Augen zu eröffnen, die anderen wurden sehr frustriert und ihr Inneres zog sich immer mehr zusammen. Dadurch, daß sie ihre Brüder und Schwestern nicht umstimmen konnten, erlebten sie eine große Machtlosigkeit, und eine unüberbrückbare Verständnislosigkeit zwischen beiden entstand. Sie konnten die Gefühle und Beweggründe der anderen nicht nachempfinden. Die einen fanden die anderen schwach, und umgekehrt fanden die einen die anderen herz- und respektlos. Die Einheit zwischen ihnen schien unwiederbringlich verloren und die Kluft unüberbrückbar. Dieses Geschehen hatte natürlich Auswirkungen auf die Atmosphäre von Atlantis, die von Tag zu Tag, von Jahr zu Jahr schwerer wurde. Sie wurde vor allem von der Reibung, die zwischen den Archantayas herrschte, bestimmt, denn sie waren die stärksten und machtvollsten Wesen auf der Erde.

Diejenigen, die immer machtbesessener wurden, machten gefährliche Experimente in allen Bereichen des Lebens, und gewisse Parallelen zu heute zeigen sich beim Erzählen dieser Geschichte auf. Sie experimentierten, so wie auch eure Forscher heutzutage, mit dem Erbgut der Menschen, der Tiere und der Pflanzen. Sie griffen ein in den Kreislauf der Jahreszeiten oder versuchten es wenigstens. Der Hintergrund dessen war, daß sie sich wie die Schöpfer von allem, das sie steuern und lenken wollten, fühlten. Mit der Zeit handelten sie immer weniger aus dem spirituellen, ehrenwerten Anlaß heraus, das Beste für alle zu tun, sondern eher aus Eigennutz, um ihre Macht zu vergrößern. Das hatte teilweise bizarre Auswirkungen, und auch innerhalb ihrer Gruppe entstanden erbitterte Machtkämpfe.

Die anderen Archantayas machten alles so weiter wie bisher. Sie leiteten ihre Schulen und führten ihre Experimente fort, aber sie fühlten sich von Tag zu Tag schwächer. Sie versuchten, der Kraft der anderen Gruppe ihre Energie entgegenzusetzen und kämpften verzweifelt an gegen Ungerechtigkeit, Ausbeutung und Mißachtung universeller Gesetze. Da sie aber keinem Rausch erlegen waren, der ihnen unerschöpfliche Energien zur Verfügung stellte oder ihnen dies wenigstens vorgaukelte, war ihr Kampf nicht unerbittlich, nicht hart oder herzlos. Ständig überprüften sie sich, ob sie ihn auch weiterführen konnten und sollten. Zweifel nagte an ihnen und schwächte sie. Immer wieder sagte etwas in ihnen: "Das sind doch unsere Brüder und Schwestern, wir müssen uns bemühen sie zu verstehen, wir dürfen sie nicht ablehnen." Widerstreitende Gefühle zerrten an ihnen, aber auch untereinander herrschte Uneinigkeit. Es war eine äußerst schwierige Zeit für alle Beteiligten und natürlich auch für die Menschen. Diese waren teilweise verwirrt und ängstlich über das, was sich um sie herum abspielte, wobei vielen nicht bewußt war, was genau passierte. Andere nahmen die in der Atmosphäre vorhandene Machtenergie auf und lebten sie im täglichen Leben innerhalb ihres Rahmens aus. Somit spielte sich zwischen den Menschen dasselbe ab, wie bei den Archantayas. Ein Verfall der Moral fand statt! Die negativen Kräfte gewannen die Oberhand, dadurch daß sich die anderen immer mut- und hoffnungsloser fühlten. Es war eine entscheidende Phase für die gesamte Menschheit, und der Verlauf der weiteren Geschichte wurde in dieser Zeit geprägt. Als ein Erdzyklus seinem Ende entgegenging und Gesteinsverschiebungen überall auf der Erdkugel stattfanden, hatte dies so große Auswirkungen auf Atlantis, daß es auseinanderbrach. Dies war für alle Bewohner eine Chance, tief in sich hineinzublicken und die Signale der Erde zu hören, zu verstehen und um sich eventuell umzuorientieren.

Neigt sich ein großer Erdzyklus seinem Ende entgegen, läuft dies jedesmal in mehreren Etappen ab, die man in eine Vor-, eine Haupt- und eine Nachphase einteilen kann. Große Veränderungen spielen sich innerlich wie auch äußerlich im Laufe dieser Jahrzehnte ab. Damals in Atlantis baute sich in der Vorphase einerseits die Machtenergie und andererseits die Mutlosigkeit auf. Diese beiden entgegengesetzten Gefühle wurden immer stärker und das Drama von Gut und Böse, das sich bis in die Hauptphase hinüberzog, spielte sich ab. Das Erdbeben und das darauffolgende Auseinanderbrechen von Atlantis war der Höhepunkt und die Chance für beide Parteien, sich neu zu orientieren. Aber das Spiel, das Drama konnte von ihnen nicht abgebrochen werden. Im Gegenteil, die Gruppe der machtorientierten Archantayas nutzte dieses Erdbeben als Entschuldigung dafür, noch gefährlichere Experimente mit der Erde zu starten. Hochexplosive Materialien, die auch heute wieder in der Kriegsindustrie eingesetzt werden, wurden entdeckt. Wie schon gesagt, es gibt viele Parallelen zwischen dem Geschehen in Atlantis und dem der heutigen Zeit.

Damals bildete sich eine Gruppe, die darauf ausgerichtet war, das zu erhalten, was ihnen als besonders wertvoll erschien und die nach und nach ihre Energie aus Atlantis abzog. Ihre Mitglieder sahen keinen Sinn im Kampf gegen die anderen, sondern sie wollten ihnen wichtige Werte erhalten. Die Gruppe setzte sich aus Archantayas zusammen, die die neutralsten und unverbrauchtesten von beiden Parteien waren, da sie sich dem Drama schon früh entzogen hatten. Sie wanderten in Länder aus, die mit Atlantis freundschaftlich verbunden waren oder in Gebiete, die ihnen vollkommen unbekannt waren. Auf diese Reisen nahmen sie alles mit, was ihnen zum Erhalt ihrer Kultur nötig schien. Wichtige Schriften und Geräte gelangten so in alle Teile der Erde. In den neuen Ländern gründeten sie nach ihrer Ankunft wieder Schulen und errichteten für sich ihre Tempel. Je nach den Möglichkeiten und Gegebenheiten des jeweiligen Landes entstanden mit der Zeit größere und kleinere Tempelanlagen. Die Archantayas paßten sich den äußeren Umständen immer vollkommen an und hielten sich bescheiden zurück. Sie lebten zunächst alle ein sehr zurückgezogenes Leben, und sie ließen sich Zeit, um sich in den neuen Ländern zu etablieren. Dadurch konnte die Bevölkerung die neu zugereisten Archantayas erst einmal vorsichtig beäugen und langsam zu ihnen Vertrauen fassen. Diese Archantayas trugen nicht den Schmerz und die Enttäuschung über die Wandlung des Geschehens in Atlantis in sich, sondern sie waren eher ausgerichtet auf etwas Neues, Positives, für das sie sich uneingeschränkt bei ihrem Weggang eingesetzt hatten. Sie fühlten sich als Pioniere, als Vorreiter einer neuen Kultur, was sich letztendlich bewahrheitete, als Atlantis unterging.

Bereits circa 20 Jahre vor der endgültigen Explosion von Atlantis waren somit die Samen für etwas Neues gelegt worden. So verrückt es erscheint, und ihr werdet feststellen, daß wir diesen Ausdruck schon des öfteren benutzt haben, war wieder einmal alles wunderbar geregelt. Manche Dinge und Geschehnisse erscheinen auf den ersten Blick schlimm und dramatisch. Von einer höheren Warte aus betrachtet, kann man erkennen, daß sie jedoch eine gewisse Ordnung erfüllen und einhalten. Da für die meisten von euch diese Sicht noch nicht möglich ist, und damit wollen wir euch nicht beleidigen, liebe Leser, sondern euch eher in dem Wunsch bestärken, diese Sicht anzustreben, benutzen wir gelegentlich den Ausspruch: "So verrückt es erscheint". Es ist also nicht wirklich verrückt, was damals in Atlantis geschehen war, sondern es erfüllte eine gewisse Aufgabe, die euch im Laufe der Erzählung noch bewußt werden wird.

Der Höhepunkt des Geschehens in der Hauptphase war durch das Auseinanderbrechen von Atlantis, das vor allem durch eine Planetenkonstellation ausgelöst worden war, eigentlich erreicht. Doch das führte keine Ernüchterung im

Kampf der beiden Gruppen herbei und das Drama von Gut und Böse ging auch noch in der Nachphase des damaligen vierten Erdzyklus weiter. Wenn wir von einem Kampf sprechen, so meinen wir nicht, daß die beiden Gruppen Krieg miteinander geführt und sich mit Waffen angegriffen hätten. Nein, ihr Kampf war viel subtiler und kraftvoller, denn sie griffen nicht den Körper, sondern die Seele an. Sie kämpften auf geistiger Ebene, sie kämpften mit Gefühlen, sie kämpften mit Worten, und all das zusammen bewirkte im Grunde viel mehr als das bloße Auslöschen der körperlichen Hüllen, die jederzeit erneuert werden können. Dieser Kampf ging viel tiefer und hatte großen Einfluß auf jeden Archantaya, der darin involviert war. Er brannte in jeden, egal ob er zu der Partei der sogenannten Guten oder Bösen gehörte, tiefe Wunden, die in den nächsten Jahrtausenden unauslöschlich und unheilbar erschienen. Auch die Menschen bekamen in dem Kampf Wunden ab, aber sie waren längst nicht so tief wie die der Archantayas, denn deren große Kräfte und höher ausgebildete Anlagen, flossen in diesen Kampf hinein und erzeugten auch die tieferen Wunden in ihnen.

Von einer bestimmten Warte aus kann man sagen, unsere Archantayas machten ihre Sache, für die sie sich entschieden hatten, total. Die Entscheidung, die am Ende eines alten und am Beginn eines neuen Erdzyklus gefällt wird, legt das Thema der nächsten Jahrtausende fest. Unbewußt hatten sich in dieser Zeit fast alle Archantayas, außer einigen Hohepriestern, noch einmal entschlossen, die tiefste Ebene der Materie zu erfahren. Diese Hohepriester versuchten eine Zeitlang verzweifelt alles mögliche, um Einfluß auf das Geschehen zu nehmen, bis sie sahen, daß alles so wie es war, seinen Gang nehmen mußte. Sie fanden in den zwei sich bekämpfenden Gruppen keine geeigneten Schüler mehr, an die sie ihr Wissen weitergeben konnten. Nur ein Archantaya aus der Gruppe, die Atlantis verließ, erhielt die ganze Macht und das ganze Wissen von einem der letzten Hohepriester. Die Hohepriester erkannten, worauf sich die Ereignisse zuspitzten, aber sie sahen keine Notwendigkeit, Atlantis zu verlassen, denn sie wußten, daß ihre Zeit auf der Erde beendet war. Sie waren die ersten nach dem Rat der Weisen, die zu ihrem Ursprungsbewußtsein zurückkehrten, vollkommen bewußt darüber, daß sie ihre Aufgaben auf Erden erledigt hatten. Sie wurden vom Rat der Weisen in der siebten Engel-Entwicklungsstufe freudig empfangen. Die Gruppe der letzten völlig bewußten Hohepriester war bereits klein gewesen, und nun war das Wissen über ihren Ursprung und die damit verbundene Macht in nur noch einer Hand!

Dadurch, daß sich die restlichen Archantayas nicht mehr an ihre Entscheidung, in die tiefste Ebene der Materie einzutauchen, erinnerten, entstanden viele Wunden in ihnen. Ja, man kann es aber auch anders herum sagen. Da sie in die tiefste Ebene der völligen Identifikation mit der Materie eintauchen wollten, mußten in ihnen Wunden entstehen, die dieses Eintauchen ermöglichten. Versteht ihr, liebe Leser? Auch das erscheint verrückt, nicht wahr? Aber so war es. Für die Archantayas war es wichtig zu vergessen, um in die Materie eintauchen zu können. Hätten sie nicht vergessen und nicht ihre hohen Fähigkeiten verloren, so hätten sie immer mit einem gewissen Abstand das Geschehen auf der Erde betrachtet, ohne direkt zu erleben und zu erfühlen, was Freude oder Schmerz für die Menschen wirklich bedeutete. Jeder von ihnen wurde im Laufe des Vergessens von einer bestimmten Rolle angezogen, die diesen Vorgang unterstützte. Je tiefer sie sich mit einer der beiden Rollen von Gut und Böse identifizierten, um so mehr verstrickten sie sich in das Geschehen auf der Erde, was für sie bedeutete, daß in ihnen Schmerz entstand, der wiederum fortschreitendes Vergessen vorantrieb.

In allen Archantayas entwickelte sich in dieser Zeit ein ähnliches Grundmuster. Alle hatten eine vage Erinnerung an ihr einstiges Dasein, ohne noch konkrete Bilder darüber in sich zu finden. Sie wußten, daß sie etwas vergessen hatten, ohne zu wissen, was es war! Alle hatten eine Ahnung von etwas Größerem in sich und fühlten sich unbehaglich und schlecht, weil sie es nicht erreichen oder fassen konnten. Widerstreitende Gefühle entstanden in ihnen. Einerseits fühlten sie die Möglichkeit einer höheren Existenz und die Sehnsucht danach, andererseits erlebten sie den Schmerz in der physischen Realitätsebene. Die Sehnsucht verließ sie nie, auch wenn sie sie oft wegschoben. Unstillbar brannte sie in ihnen. Aber sie alle hatten weiterhin das Gefühl, alles für die Entwicklung auf Erden geben zu müssen und daß das, was sie taten, im Grunde immer zu wenig war. Beide, ein Archantaya auf dem Weg des Machtmißbrauchs oder ein anderer, der dagegen ankämpfte, hatten das Gefühl noch mehr von sich geben zu müssen und daß alles, was sie gaben, im Grunde zu wenig war. Beide Seiten lebten im Glauben das Beste für die Menschheit und die Erde zu tun.

Das Drama von Atlantis steuerte schließlich einem Höhepunkt entgegen. In den letzten zwanzig Jahren vor dem Untergang war die Atmosphäre über dem Land zum Schneiden dicht. Eine gewaltige Glocke von schweren Emotionen lag über allem. Die Gruppe der Forscher, die auf Abwege geraten war, arbeitete fieberhaft an Möglichkeiten, Einfluß auf das Wetter und das Magnetfeld der Erde zu nehmen. Sie waren besessen von dem Gedanken, Ereignisse wie Erdbeben oder Überschwemmungen durch die Erzeugung von

Strahlung zu verhindern. Dazu mußten sie natürlich vor Ort immer wieder Experimente tätigen, um das Erforschte ausprobieren zu können. Sie erzeugten z.B. Detonationen im Erdinnern, um zu sehen, wie ihre Geräte darauf Einfluß nahmen und setzten dabei gewaltige Kräfte frei.

Einige Forscher erkannten die Gefahren, die dadurch für Atlantis entstanden. Sie regten an, die Experimente auf andere Kontinente, die nicht so bevölkert waren, zu verlagern, um die Bevölkerung nicht zu gefährden. Doch das wurde von der Mehrheit der Forscher abgelehnt, weil es enorme Verzögerungen der weiteren Forschung nach sich gezogen hätte. Aber einige kamen sehr stark ins Zweifeln und wandten sich wegen der Gefährlichkeit der Experimente von dieser Forschungsgruppe ab. Parallel dazu wurden die Experimente auf dem Gebiet der Medizin immer gewagter und unmenschlicher. Der Eingriff in das Genpotential der Menschen nahm bizarre Züge an. An Menschen der untersten Kaste wurden brutale Eingriffe vorgenommen und manche wurden bereits geklont. Zu welchem Zweck dies geschah, konnten selbst die Forscher nicht überzeugend erklären, da sie der Rausch der scheinbar unbegrenzten Möglichkeiten des Forschens überwältigt hatte. Sie übertraten alle Gesetze der Menschlichkeit, weil sie die Achtung vor der Würde des Menschen verloren hatten. In dieser Zeit entstanden bizarre Zwitterwesen und Abarten von Körperformen.

Eine eigenartig perverse Atmosphäre, die den Verfall der Moral vorantrieb, breitete sich von Tag zu Tag zunehmend über Atlantis aus. Dies wiederum bestätigte die Forscher darin, noch mehr und intensiver in das Genpotential des Menschen einzudringen, um, nur um ein Beispiel zu nennen, den Sexualtrieb unter Kontrolle zu bringen.

Die andere große Partei der Archantayas war zu diesem Zeitpunkt innerlich schon vollkommen verzagt und hatte sich sehr zurückgezogen. Ihre Mitglieder wurden sehr still. Einige griffen zwar noch öffentlich die Arbeit der machtbesessenen Forscher an, aber insgeheim waren sie mut- und hoffnungslos. In ihnen allen vergrößerte sich von Tag zu Tag das übermächtige Gefühl, versagt zu haben und zu schwach zu sein, die negative Entwicklung aufzuhalten. Sie fühlten sich durch ihre Untätigkeit und ihr Gelähmtsein schuldig am Verfall der Moral und litten unter der schweren Atmosphäre, die ihnen die Luft zum Atmen nahm. Sie wußten nicht mehr, was sie tun sollten und lebten in dem Glauben, daß sie auch nichts tun konnten. Dadurch wurden sie immer verzagter, und viele von ihnen zogen sich aus dem öffentlichen Leben und manche sogar von ihrer Lehrtätigkeit zurück. Verzweifelt überließen sie das Feld der anderen Partei.

In gewisser Weise waren sie zudem auch enttäuscht von den Menschen, weil diese nicht gegen die gefährlichen Experimente rebellierten. Oft hatten sie versucht, die Menschen im Kampf gegen die negative Forschung zu gewinnen, doch diese waren zu leicht manipulierbar. Durch Versprechen der Forscher, daß die Experimente Erleichterungen und Verbesserungen bringen würden, waren sie schnell bereit, auch Gefahren in Kauf zu nehmen, vor allem weil diese von den Forschern als banal hingestellt wurden. Das Volk stand also hinter den Forschungen, da es ihre Tragweite nicht erkennen konnte. Dies wiederum enttäuschte die eine Gruppe der Archantayas so stark, daß sie sich immer mehr aus dem öffentlichen Geschehen zurückzog. Sie sahen keinen Sinn darin, für etwas zu kämpfen, was anscheinend keiner wollte. Für wen und für was sollten sie sich aufreiben im Kampf um mehr Gerechtigkeit und Würde? Sie gaben auf!

Der Untergang von Atlantis wurde schließlich durch ein fehlgeschlagenes Experiment im Erdinnern eingeleitet. Eine enorme Detonation löste ein Erdbeben aus, das sich über ganz Atlantis ausbreitete. Der Höhepunkt der Anspannung war erreicht und wurde quasi durch das Erdbeben aufgelöst oder man kann sogar sagen, erlöst. Doch müssen wir den Moment des Untergangs genauer betrachten und beleuchten, denn entscheidende Dinge geschahen dabei für die Archantayas und die Menschen.

Für viele Menschen war dieses Geschehen ein Aha-Erlebnis, bei dem sie in kürzester Zeit lernten, daß man nicht alles ungestraft mit der Erde tun konnte. Sie sahen den Untergang als die Strafe einer höheren Macht an. Nur wenige verstanden, daß der Mißbrauch der Kräfte der Natur zu diesem Ereignis geführt hatte.

Die auf Abwege geratenen Forscher erschraken und sahen, daß sie zu weit gegangen waren. Sie alle trugen von dieser Zeit an ein enormes Schuldgefühl in sich. Einige schworen sich sogar, nie mehr ihre Fähigkeiten einzusetzen. Diese Gruppe war aber trotz allem für die nächsten Jahrtausende auf einen bestimmten Weg festgelegt – nämlich den Weg eines "Täters" zu gehen, einer Person, die starken Einfluß auf ihre Umgebung ausübt. In ihnen hatte sich eingebrannt, etwas im außen tun zu müssen, es beeinflussen und steuern zu wollen. Sie alle waren von nun an darauf programmiert, Macht fühlen und über andere ausüben zu wollen.

Die andere Gruppe der Archantayas erlebte im Moment des Untergangs absolutes Versagen. Die meisten hatten geahnt, daß die Entwicklung auf einen Höhepunkt zulief, aber dieser Moment war für sie die Besiegelung ihrer schlimmsten Alpträume. Diese Archantayas sahen sich als die Verlierer in einem großen Kampf und erlebten sich als die Schwächeren, die das Negative nicht aufgehalten hatten. Verbittert starben sie einen Tod, der ihnen ungerecht erschien. Von nun an waren sie vorprogrammiert, die Rolle eines "Opfers" im Drama von Gut und Böse zu spielen und eine Mentalität der Schwäche in sich zu tragen. Sie waren nicht mehr bereit, sich gegen Ungerechtigkeit zu wehren, wenigstens nicht im angemessenen Maße, da sie die Einstellung hatten, daß sie dagegen sowieso nichts tun konnten. Sie waren die Opferlämmer, die immer wieder abgeschlachtet wurden und die dies willig mit sich geschehen ließen. In ihrem Inneren aber tobte ein gewaltiger Sturm, da sie weiterhin empört über Ungerechtigkeit und Brutalität waren. In den nächsten Jahrtausenden sollten sie es ablehnen, ihre Kräfte einzusetzen, sogar dann, wenn es hieß, sich selbst zu schützen. Ein großes Minderwertigkeitsgefühl, das sich in ihnen in den letzten Jahren ihres Lebens in Atlantis ausgebreitet hatte, sollte sie lange nicht mehr verlassen!

Zwei große Lebensmuster hatten sich also durch diese Ereignisse herausgebildet, die im nächsten Erdzyklus für die Archantayas und die Menschen eine große Rolle spielen sollten. Diese Muster bedeuteten, ein Leben als ein "Täter" oder als ein "Opfer" zu führen, wenn wir es so einfach ausdrücken dürfen. Es kam natürlich vor, daß diese Rollen von einer Person in einigen Leben vertauscht wurden, aber grundsätzlich war man immer wieder mit seinem Grundmuster konfrontiert.

Von unserer Warte aus betrachtet, spiegeln die Ereignisse in Atlantis die normale Entwicklung einer lernenden Bewußtseinsform wider. Bis zu diesem Zeitpunkt hatte sich die Menschheit durch all die Jahrtausende, ja Erdzyklen hindurch, fest in einem physischen Körper etabliert und sie hatte viele einfache grundlegende Werte von den Archantayas gelernt. Durch deren Kampf war sie vor die nächste große Lernaufgabe gestellt. Zunächst einmal mußten die Menschen erfahren, was es bedeutet, ein Opfer oder ein Täter zu sein. Das übten sie die nächsten Jahrtausende ausgiebig und lernten dadurch, mit Macht umzugehen. Der Schritt, den die Archantayas eingeleitet hatten, war genau der Entwicklung der Menschen angepaßt. Und natürlich, da die Archantayas selbst "vergessen" hatten, waren auch sie gefangen im Täter-Opfer-Spiel.

Ihr seht, liebe Leser, wir haben mindestens zwei Möglichkeiten, wie wir die Geschehnisse in Atlantis betrachten und einordnen können, die eine wäre, zu entscheiden, daß alles durch den Machtmißbrauch, der dort stattgefunden hatte, sehr schlimm gewesen war, die andere wäre, zu erkennen, daß die Ereignisse einem natürlichen Entwicklungsrhythmus gefolgt sind. Ihr selbst könnt am Wachstum eurer Kinder die Entwicklungsgeschichte der Menschheit sehen. Zunächst schläft ein Baby den ganzen Tag und nur kurz ist es wach, um sich zu nähren. Danach ist es immer häufiger auf und entdeckt langsam seine nächste Umgebung. Schließlich lernt es zu laufen und sich eine noch größere Umgebung zu erobern. Bis zu diesem Zeitpunkt ist das Kind völlig mit seiner Mutter emotional verwoben. Doch irgendwann kommt der Tag, an dem es entdeckt, daß es eine individuelle Person mit seinem eigenen Willen und seinen eigenen Wünschen ist. Es will plötzlich Dinge, die die Mutter nicht will und meistens entsteht ein Konflikt. In diesem Alter lernt das Kind, ob es seinen Willen durchsetzen kann oder nicht und wird dadurch für sein weiteres Leben geprägt. Somit entscheidet sich, ob es sich später stark oder schwach fühlt.

An diesem Punkt stand die Menschheit im übertragenen Sinne am Ende von Atlantis. Die Lernaufgabe für die Menschen im folgenden Erdzyklus war das Kennenlernen und Umgehen mit Macht. Auf diesem Weg begleiteten die Archantayas die Menschen, und auf den ersten Blick sah es so aus, als ob sich beide durch dieselben Lebensthemen vollkommen aneinander angenähert hätten. Aber so war es nicht. Trotz des Falls der Archantayas in die Ebene schwerer Gefühle hinein, hatten sie immer noch ein viel höher entwickeltes geistiges, spirituelles und auch emotionales Potential. Viele von ihnen waren fähig zu selbstloser umfassender Liebe, trotz der Wunden, die in ihnen nagten. Allerdings befanden sich unter den Menschen, die in den Schulen des Lebens intensiv ausgebildet worden waren, bereits weit Fortgeschrittene, die ihr Potential in viel größerem Maße ausgebildet hatten, als das übrige Volk. Auch sie stachen nun aus der Masse heraus und nahmen eine besondere Position ein, selbst wenn sie zurückgezogen lebten. Durch ihre Entwicklung regten sie auf energetischer Ebene das Potential der Masse an.

Noch vieles gäbe es über das Geschehen in Atlantis zu erzählen, aber wir möchten das Kapitel an diesem Punkt in Frieden schließen. Das Wichtigste über unsere geliebten Archantayas und Menschen dort ist gesagt. Viele von euch waren an den Ereignissen beteiligt, und wir möchten euch anregen, einmal im Lesen innezuhalten. Über Atlantis wurde bereits sehr vieles von den unterschiedlichsten Quellen erzählt. Vergegenwärtigt euch, was wir über die zwei Möglichkeiten gesagt haben, wie man die vergangenen Ereignisse betrachten kann. Die eine ist, die Geschehnisse zu verurteilen, die andere ist, sie in keine Kategorie einzuordnen, sondern zu sehen, daß alles einem Energiefluß gefolgt ist. Natürlich hätten die Ereignisse auch ganz andere Wendungen durch wichtige Entscheidungen einzelner oder mehrerer Personen nehmen können. Das Lernthema wäre aber immer dasselbe geblieben.

Das Leben ist ein tiefes Mysterium. Alles muß getan werden, damit es ausgiebig von euch gekostet wird. Ihr könnt bestimmte Dinge in die Wege leiten und beeinflussen. Ihr müßt euer Leben in eure Hand nehmen. Und trotzdem kommen immer wieder die Augenblicke, in denen ihr alles seinen eigenen Lauf nehmen lassen, in denen ihr ausatmen und loslassen müßt und nicht kontrollieren könnt, was geschieht. Diesem Lauf des Lebens gilt es demütig zu folgen, manchmal sogar ohne zu wissen, wohin er euch bringen wird. Sich diesem Lauf des Lebens hinzugeben, ist das größte Glück, das ihr auf Erden erleben könnt.

Der Umgang mit Macht

Nach Atlantis entstand keine Hochkultur mehr, die von so vielen Archantayas gegründet und geleitet wurde. Ur, Lemurien und Atlantis waren jeweils der Brennpunkt ihrer aller Energie gewesen. Doch nach Atlantis verstreuten sie sich über die ganze Erde. Nie mehr gab es ein Land, in dem auf einem Platz so viele Archantayas zusammen existierten. Natürlich wurden immer wieder Staaten gegründet, die von ihnen regiert wurden und ein Brennpunkt ihrer Energie waren, wie z.B. Ägypten, Tibet oder Griechenland, aber nicht in diesem umfassenden Maße.

In Atlantis war Gewaltiges in den Schulen und Forschungsstätten erschaffen worden. Alle Bereiche des Lebens waren systematisch erforscht worden. Es hatte ein fast vollständiges Wissen über den Körper des Menschen und über Zusammenhänge von Krankheit und Heilung existiert. Die Medizin hatte einen höheren Standard erreicht, als ihr ihn jetzt habt, denn sie war umfassender und klammerte nicht so viele gute Möglichkeiten der Heilung aus. Natürlich hatte es auch negative Forschung, die ausgeartet war, gegeben, wie z.B. die Arbeiten an der Veränderung des menschlichen Genpotentials, aber das war die dunkle Seite dieses Bereiches. Es wurde jedoch nicht nur das tägliche Leben verbessert, sondern Forschungen zur Erschließung des gesamten Potentials des Menschen hatten in so großem Maße stattgefunden, daß hierzu unzählige Methoden entdeckt und entwickelt worden waren. Es existierten Methoden, wie schon berichtet, zur Stärkung des physischen Körpers und zur Lenkung seines Energieflusses. Es gab Methoden zur Klärung der Gefühlsebene und zur Aktivierung höherer Gefühle, wie z.B. Liebe und zur Anregung der geistigen und spirituellen Ebene. Die innere Welt des Menschen war ausgiebig erkundet, und für jeden Menschentypen waren spezielle Übungen entwickelt worden. Die Forscher verfügten somit über komplette Fahrpläne zur Entfaltung des menschlichen Potentials, die auch noch zu viel späteren Zeitpunkten wichtig werden würden.

Dieses umfassende Wissen wurde zum Teil durch die Archantayas, die vor dem Untergang von Atlantis ausgewandert waren, überliefert. Das ermöglichte, daß dieser Schatz der Archantayas nicht vollkommen verloren ging, sondern unmittelbar an andere weitergegeben werden konnte. Natürlich wurde nicht das vollständige Wissen überliefert. Die ausreisenden Archantayas bestimmten nach ihrem jeweiligen Wissens- und Arbeitsgebiet, was von ihnen überliefert wurde, aber man kann sagen, daß Forscher aus allen Bereichen unter ihnen waren.

Die meisten Archantayas ließen sich in Gruppen in den neuen Ländern nieder. Manche suchten und reisten sehr lange, bis sie den geeigneten Platz für sich fanden. Sie waren begeistert von den neuen Ländern und von der Schönheit der Erde. Aber oft waren sie auch etwas traurig darüber, Atlantis und ihre Brüder und Schwestern verlassen zu haben. Hatten sie sich erst einmal für einen Platz entschieden und sich dort niedergelassen, so bauten sie neue Wohn- und Arbeitsstätten. Die arbeitsreiche Phase des Neuanfangs begann. Dies sah für die einzelnen Gruppen ganz unterschiedlich aus, je nach ihrer inneren Ausrichtung und Einstellung. Einige Gruppen waren beseelt von dem Wunsch, an den neuen Plätzen wieder etwas so Großartiges wie in Atlantis zu erschaffen, die anderen wollten sich ihren Studien in einem bescheideneren Umfeld widmen und legten nicht soviel Wert auf die Gründung komplexer Bauten.

Eine nächste Hochkultur, in der Archantayas und Menschen ihre weiteren Entwicklungsschritte tun sollten, entstand in Ägypten. Diesmal ging die Entstehung viel langsamer vonstatten als bei den vorherigen Hochkulturen. Am Anfang existierte nur ein Kloster in der Mitte des Landes an einem genau ausgewählten Ort, der eine starke kosmische Einstrahlung, die von den Archantayas in ihren Meditationen geehrt und genutzt wurde, hatte. Diese unterstützte sie bei ihrer Bewußtwerdung über die Bedeutung des Ortes, des ganzen Landes und ihrer Rolle. An diesem Ort wurden sich die Archantayas auch klar über ihre zukünftige führende Rolle bei der weiteren Entwicklung der Menschheit. Nachdem sie sich niedergelassen hatten, beeilten sie sich, ihre Studien und Lehren fortzuführen. Sie wußten, daß sie die Bevölkerung des Landes nicht drängen durften, ihnen zu folgen, und sie ließen ihnen ihren Freiraum. Ganz auf sich konzentriert entstand nach und nach ein großes Kloster mit allen Forschungsabteilungen, die zwar klein waren, die es aber auch einst in Atlantis gegeben hatte.

Für alle begann, trotz der gewissen Traurigkeit, eine beglückende Zeit, denn keine negative Schwingung durch eines ihrer Mitglieder störte ihr Zusammensein. Es war eine Zeit des Entspannens und des Loslassens, und alles erschien ihnen wie früher. Der Spuk schien vorüber zu sein. So entstanden verteilt über die Erde neue Enklaven der Archantayas, wobei die größte und energetisch stärkste in Ägypten lag. Diese Gruppe beinhaltete Archantayas aus den meisten früheren Forschungsabteilungen. Andere Gruppen waren einseitiger ausgerichtet, wie z.B. eine kleinere Gruppe, die sich der geistigen Entwicklung und der Medizin widmete und sich in den Himalaja zurückgezogen hatte. Die Mitglieder dieser Gruppe fühlten sich von der dortigen Atmosphäre angezogen, da sie mit der Art ihrer Studien im Einklang stand und sie in großem Maße anregte und unterstützte. Auch sie sollten zu einem späteren Zeitpunkt eine wichtige und führende Rolle für die gesamte Menschheit spielen.

Je stärker sich die Archantayas in Ägypten etablierten, um so mehr Energie baute sich in ihnen auf und strahlte von ihnen und dem neuen Platz aus. Nach und nach wuchs ihr Kloster, und ihre Aufgabengebiete erweiterten sich. Wie schon gesagt, lebten die Archantayas zu Beginn in Ägypten ganz für sich, und die Annäherung zwischen ihnen und der einheimischen Bevölkerung ging langsam vonstatten, so daß sie ihre Forschungen letztendlich ungestört dort fortführen konnten, wo sie sie in Atlantis beendet hatten. Die Archantayas setzten sich zu ziemlich gleichen Anteilen aus Männern und Frauen zusammen, und einige von ihnen stellten sich zur Verfügung, ihre Gruppe durch die Zeugung von Kindern zu vergrößern. Dadurch bot sich für Archantayas, die mit Atlantis untergegangen waren, bereits nach kürzester Zeit die Möglichkeit, sich neu zu inkarnieren. Allerdings waren dies Archantayas, die keinen so großen inneren Schaden durch die Ereignisse erlitten hatten und die sich von der frischen und freudigen Energie in Ägypten angezogen fühlten. Die meisten der in Atlantis gestorbenen Archantayas mußten einige Jahrzehnte und manche auch einige Jahrhunderte warten, bis für sie die Möglichkeit einer neuen Inkarnation bestand.

Durch die Geburten innerhalb der Gruppe in Ägypten wuchs die Zahl der Mitglieder langsam aber stetig, und über die Jahrzehnte hinweg gewann das Kloster auch für die Bevölkerung an Bedeutung. Letztendlich entstanden wieder die Schulen des Lebens, in denen Menschen ausgebildet wurden. Es hatte etwas gedauert, bis eine Annäherung zwischen den Bewohnern von Ägypten und den Archantayas stattgefunden hatte, aber alles weitere ging dann wiederum sehr schnell. Viele neue Plätze der Wissenschaft, der Religion und der Heilung wurden gegründet. Archantayas regierten bald das ganze Land mit liebender Hand und weisen Augen, und die Bevölkerung war ihnen voller Ehrfurcht und Hochachtung ergeben. Für sie waren die Archantayas die Götter, die gekommen waren, sie zu führen, zu leiten und zu retten aus der Dunkelheit. Wieder lehrten die Archantayas diesen einfachen Menschen, gemäß ihrem Entwicklungsstand, kosmische Weisheiten und Zusammenhänge durch Geschichten und Erzählungen.

Eine blühende Kultur, die geprägt war von Weisheit, Ästhetik und Kunst, entfaltete sich, so wie es zu dieser Zeit immer war, wenn Archantayas ihr Innerstes im außen spiegeln ließen. Wundervolle Bauwerke entstanden, und herrliche Kunstwerke wurden angefertigt. Viele Leben lang regierte diese frische Energie der einst zugewanderten Archantayas das Land. Eine immer größer werdende Anzahl ihrer einstigen Brüder und Schwestern konnte sich durch sie inkarnieren und wieder neue freudvollere Erfahrungen sammeln. Je stabiler die Kultur wurde, um so mehr hätte man zu der Ansicht gelangen können, daß wieder alles beim alten war, in dem Sinne, daß alles im inneren wie auch im äußeren gediehte, blühte und wuchs. Aber die in Atlantis gelegten Wunden waren nicht verschwunden oder aufgelöst und das "Vergessen" schritt fort. Die Enttäuschung und die Bitternis in den einen und die Anziehungskraft von Macht in den anderen wirkte weiter. In den ersten Leben nach Atlantis waren diese Veranlagungen durch den großen Schock des

Untergangs in den Hintergrund getreten, aber nach und nach kamen sie wieder zum Vorschein. Das Thema, das den Umgang mit Macht zum Inhalt hatte, mußte ausgelebt werden.

Nach und nach wurden alle Archantayas wieder mit ihrem Hunger nach Macht oder mit ihrer Bitternis konfrontiert. Welche Auswirkungen hatte das auf einer tieferen Ebene? Bereits in Atlantis waren die Archantayas in schwere Gefühle gefallen, die sich seitdem in ihnen laufend weiter etabliert und verfestigt hatten. Diese schienen sie nie zu verlassen, auch wenn sie über lange Zeit nicht zum Vorschein kamen. Doch plötzlich, ausgelöst durch eine äußere Situation, tauchten sie immer und immer wieder auf, manchmal schleichend und latent, manchmal mit der Kraft eines ausbrechenden Vulkans. Diese Gefühle wurden ein Teil von ihnen, korrekter ausgedrückt bedeutete das, daß sich in ihren Emotionalkörpern Verhaltensmuster ausgebildet hatten, die eine große Auswirkung auf sie hatten. Vielleicht meint ihr, daß sich Verhaltensmuster durch den Tod auflösen müßten. Das tun sie aber nicht. Jedes Verhaltensmuster, egal ob emotionaler oder geistiger Natur, wird nicht mit dem Tod, sondern nur durch innere Bewußtwerdung, aufgelöst. Unweigerlich werden sie in jedes neue Leben mit hineingenommen, wenn sie nicht bearbeitet und aufgelöst wurden.

Schwere Enttäuschung nagte somit an der einen und Machtgier an der anderen Gruppe. Nun ist aber die Zeit gekommen, etwas näher auf das Wesen von Macht einzugehen. Macht ist bei euch eher ein emotional stark besetztes Wort. Für die einen bedeutet es, daß jemand zuviel davon hat, für die anderen, daß jemand zu wenig davon hat. Auf alle Fälle ist das Verhältnis dazu meistens nie ganz ausgewogen. Wir verbinden Macht sehr stark mit Ausstrahlung. Jeder

Mensch strahlt aus, jedes Tier, jeder Baum, jede Pflanze. Diese Ausstrahlung besteht immer aus der Gesamtheit dessen, was im Menschen vorhanden ist und was in ihm vor sich geht. Jeder Mensch strahlt immer Energie aus, egal ob diese stark oder schwach ist, und er übt somit immer eine gewisse Macht auf seine Umgebung aus. Viele von euch wollen es nicht wahrhaben, daß sie das ausstrahlen, was in ihnen ist. Viele wollen sich verstecken oder wollen nicht zeigen, was sie sind und was in ihnen vor sich geht. Oft wollt ihr ein ganz anderer sein. Ist es nicht so? Die Ausstrahlung, die von einem solchen Menschen ausgeht, ist immer irritierend und mißstimmig. Es gibt kein Verstecken für euch, obwohl das die meisten glauben. Je mehr ein Mensch sein Inneres verstecken will und gefangen ist in diesem Spiel, um so mehr zieht er sich von der Außenwelt und dem Geschehen um ihn herum zurück. Aber trotzdem hat er die ganze Zeit eine Ausstrahlung.

Andere wiederum haben kein Interesse, sich zu verstekken, ja ganz im Gegenteil, sie streben nach außen und wollen sich zeigen. In diesem Falle meinen wir aber nicht, daß sie ihr wahres Innerstes zeigen, sondern daß sie in der Öffentlichkeit stehen und sagen wollen: "Hier bin ich." Sie streben danach, Dinge zu beeinflussen und zu bewegen. Diese Menschen haben eine stark nach außen gehende Ausstrahlung, die auf ihre Umgebung eine große Wirkung hat.

Jeder Mensch hat eine Ausstrahlung, die ihm ganz eigen ist, und er hat somit auch eine gewisse Macht über andere und seine gesamte Umgebung. Unabhängig davon, ob er still, in sich gekehrt und zurückhaltend oder stark extrovertiert ist, übt er immer eine gewisse Macht auf seine Umgebung aus. Nun kommt es hierbei aber darauf an, wie jeder Mensch mit dieser Macht über andere umgeht. Ihr werdet sagen, daß nur die nach außen gerichteten Menschen direkt Macht einsetzen. Doch so ist es nicht. Ist z.B. ein Mensch, der ganz still und in sich gekehrt, aber unendlich traurig ist, im gleichen Raum wie ihr, so hat das immer eine Auswirkung auf euch. Die einen werden vielleicht auch traurig, die anderen werden wütend auf ihn. Selbst wenn dieser Mensch gar nicht will, daß ihr seine Gefühle spürt, kommt seine Ausstrahlung doch bei euch an. Er übt also Einfluß, sprich Macht, aus, obwohl er es gar nicht will. Wir führen dieses Beispiel an, um euch zu verdeutlichen, daß alles und jeder auf euch einwirkt, daß jeder Macht ausübt und daß Macht nicht nur mit direkter gezielter Einflußnahme oder mit Zwang verbunden ist.

Viele haben Angst davor in eine Machtposition zu gelangen, weil sie sich dann zeigen müssen, weil sie in der Öffentlichkeit stehen und sagen müssen, wo es lang geht. Diese Menschen wünschen sich jemanden, der ihnen sagt, wo sie hingehen sollen und was zu tun ist. Sie wünschen sich einen Menschen, der hungrig danach ist, andere anzuleiten. Dies läutet das Spiel von Opfer und Täter ein, bei dem sich der eine dem Willen des anderen, der alles bestimmt, fügt. Das Opfer fühlt sich schwach und der Täter fühlt sich stark. Ein Kreislauf von immer größer werdender Schwäche und immer größer werdender Stärke beginnt. Doch das alles ist ein Spiel, eine Illusion, wenigstens von unserer Sicht aus. Aus der begrenzten Sicht eines Opfers ist das alles harte Realität. Ein Opfer, das sich mit seiner Rolle vollkommen identifiziert, meint, es ist wirklich schwach und hat keine Wirkung auf andere. Es gaukelt sich vor, daß es keine Macht hat und nimmt sich somit selbst die Würde. Nur in seltenen Momenten, wenn es sich an seinem Täter, ob es nun der Chef oder die Ehefrau ist, rächen kann, fühlt es seine Kraft.

Aber schnell verfällt es wieder in seine ihm so vertraute Schwäche. Jeder Mensch ist wütend und zornig, wenn er sich unterdrückt und eingeengt fühlt. Ein Opfer meint, daß es keine Ausstrahlung hat und wenn doch, so ist sie schwach und schlecht. Ein Täter spürt an der Reaktion der anderen, daß er eine Ausstrahlung hat, da er ständig ihre Unterwürfigkeit in Form von Zustimmung bekommt. Ein Täter zwingt den anderen seinen Willen, seine Ansichten auf und tut alles dafür, daß sie diese umsetzen. Er fühlt seine Macht, die er über andere hat und benutzt sie gerne, um seinen Willen durchzusetzen, auch wenn er andere dazu zwingen muß. Für einen Täter gelten nur seine eigenen Gesetze.

Opfer und Täter brauchen sich für dieses Spiel, das in vielen Variationen im großen wie im kleinen Stil gespielt wird, wie z.B. wenn ein Staat alle anderen Staaten der Erde unter seine Kontrolle bringen möchte oder wenn im Geschäftsleben ein Arbeiter Druck von seinem Chef bekommt und er ihn sofort an seine unter ihm arbeitenden Kollegen und später zuhause an seine Ehefrau weitergibt. Wellen von Machtausübung, die beständig weitergegeben werden, entstehen somit. Dabei kommt es immer darauf an, wie jeder, ob ein Staat oder ein einzelner Mensch, hierauf reagiert. Ein Opfer hat die innere Haltung, seine ihm eigene Macht zu verleugnen, und es will selbst nichts mit Macht zu tun haben. Ein Täter hat die innere Haltung, immer mehr Macht an sich zu reißen. Er sieht seine Macht über andere, will sie beständig vergrößern und setzt andere dafür ein, seine Ziele zu verwirklichen. Ein Täter geht schon einmal über die Gefühle und Bedürfnisse der anderen hinweg, wenn diese seinem Ziel im Wege stehen.

Wie schon gesagt, es ist ein Spiel, und Opfer und Täter brauchen oder gebrauchen sich gegenseitig. Doch beide

Rollen sind einseitig ausgerichtet und in sich nicht ausgewogen. Das Opfer gesteht sich zuwenig, der Täter zuviel Macht zu, und wir möchten auf den Kernpunkt unserer Ausführungen zurückkommen, der sagte, daß jeder Mensch Macht hat. Es ist immer nur eine Frage, wie man damit umgeht.

Eine Ausgewogenheit in der Beziehung zur eigenen Macht spiegelt sich in der Akzeptanz und Anerkennung dieser wider. Das ist die Grundvoraussetzung für einen harmonischen Umgang mit Macht. Ein Mensch, der erkannt hat, daß jedes Wesen Macht hat, entspannt sich und kann zu seiner eigenen Macht stehen und die der anderen akzeptieren. Er kann für seine Ziele gehen und sieht dabei die Grenzen, die durch die Achtung der Würde der anderen und deren Macht entstehen. Er kann "ja" sagen, wenn ein Ja angesagt ist, und er kann "nein" sagen, wenn ein Nein angebracht ist. Er ruht in seiner Mitte und ist weder zu schwach, noch zu stark. Dadurch strahlt er eine große Anziehung auf andere Menschen aus und ist ein Magnet für Menschen, die lernen möchten, positiv mit Macht umzugehen.

Doch zurück zu unserer Geschichte. Im neuen Erdenzyklus mußten die Menschen und gleichermaßen auch die Archantayas lernen, mit Macht umzugehen. In all den Hochkulturen vor Ägypten, besonders in Ur und Lemurien, hatten die Archantayas eine sehr große Macht über die Menschen gehabt, allein durch ihr hohes Bewußtsein. Beide Wesensgruppen hatten damals friedlich nebeneinander her existiert, bis sie sich einander angenähert hatten. Die Archantayas hatten die Menschen in allem gewähren lassen und hatten ihnen nur ihre Unterstützung angeboten, wenn diese gewünscht worden war. Der Grund für ihre Anwesenheit auf der Erde war ihre Liebe für ein neues Bewußtsein gewesen, dem sie helfen wollten, sich zu entfalten. Schließlich hatte eine immer größere Annäherung, dann sogar eine Vermischung stattgefunden. Die Archantayas waren dadurch in die Materie hineingewachsen und hatten schließlich vergessen, wer sie wirklich waren. Dies hatte es ihnen ermöglicht, sich noch intensiver mit den Menschen zu verbinden. Die Menschen hatten von ihnen im kleinen wie auch im großen gelernt, und das Erbgut beider Gruppen war vermischt worden.

Beide, Archantayas und Menschen, waren auf einer etwas unterschiedlichen Reise des Bewußtseins. Die Entwicklung der Menschen hatte mit dem Wunsch nach einer Verkörperung begonnen, die das Ziel gehabt hatte, das gesamte Potential zu entfalten, ohne daß sie sich darüber bewußt gewesen waren. Die Entwicklung der Archantayas hatte beinhaltet, daß sie sich zunächst von einem sehr hohen in einen niedrigeren Bewußtseinszustand bewegt hatten, mit dem Ziel einer menschlichen Verkörperung. Als dies vollbracht worden war, hatte die weitere Reise der Archantayas auf der Erde in einem physischen Körper begonnen, die soweit gehen sollte, alle menschlichen Regungen zu verstehen, um den Menschen eine Hilfestellung geben zu können. Auf dieser Reise hatten die Archantayas immer mehr von ihrer großen Macht, sprich von ihrem hohen Bewußtsein verloren. Das mußte so sein, das sollte so sein! Schließlich waren sie mit demselben Thema wie die Menschen konfrontiert, nur von einem etwas anderen Standpunkt aus. Die Menschen mußten erst nach und nach lernen, wie sich Macht anfühlt und wie man damit umgeht. Die Archantayas hatten bereits am Ende von Atlantis dieses Thema in den zwei Extremen von Täter und Opfer ausagiert und hatten damit den Grundstein für spätere Verhaltensmuster in sich gelegt. Immer und immer wieder lebten sie seit dieser Zeit in den unterschiedlichsten Variationen, Situationen, Ländern und Körpern ihr jeweils spezielles Thema. Die Menschen waren dagegen nicht so vorprogrammiert und experimentierten mehr mit beiden Rollen.

Deswegen war es möglich, daß in der Hochkultur Ägypten diese Verhaltensmuster in den Archantayas wieder zum Tragen kamen. Auch dort entstanden Kämpfe zwischen den beiden Parteien, die eine innere Schwächung fortführten. Beide verloren weiter ihr hohes geistiges Potential und identifizierten sich immer mehr mit ihren schweren Gefühlen, die sie tiefer und tiefer in die Materie zogen.

Wir können hier nur einen kurzen Überblick über das Geschehen in Ägypten geben. Unsere kleine Geschichte erlaubt nicht mehr. Natürlich ist der Werdegang jedes einzelnen Archantayas völlig unterschiedlich gewesen und doch gab es eine große allgemeine Strömung. Aber zu allen Zeiten hatten einzelne Archantayas gelebt, die aus dem Traum der Illusion erwacht waren, sich erinnert und erkannt hatten, wer sie waren. Innerhalb ihres Rahmens hatten sie allen in ihrem Umfeld geholfen – den Menschen und den Archantayas – und hatten dann die Erde verlassen, um vom Rat der Weisen empfangen zu werden. Andere Archantayas, die sich bereits sehr früh mit den Menschen vermischt hatten, waren schon vollkommen identifiziert mit dem Geschehen um sie herum, und auch die Priesterkaste, die nun die Elite in Ägypten war, steuerte unweigerlich auf diesen Punkt zu. Das heißt aber nicht, daß nichts Großes in Ägypten geleistet wurde. Prächtige Bauwerke und überwältigende Kunstschätze zeugen noch heute von dieser Hochkultur.

Im neuen Erdzyklus entstanden also überall auf der Erde Kulturen, die von den Archantayas erschaffen wurden. Ihr hohes Potential spiegelte sich in den Bauwerken, in der Kunst, in der Staatsform und in den religiösen Werten, die vermittelt wurden, wider. Weiterhin war es so, daß die Archantayas das schlafende Potential der Menschen anregten, sich zu entfalten. Dies geschah trotz des Zwiespalts, der teilweise unsichtbar unter ihnen herrschte. Die Hochkultur Ägypten büßte an Bedeutung und Kraft ein, je mehr die Archantayas an Kraft verloren. Ein Staat, der einst von Göttern erschaffen und regiert worden war, so sahen es wenigstens die Einheimischen, zerfiel nach und nach durch Korruption und Intrigen. Ägypten ging auf diese Art unter und mußte nicht wie Atlantis auseinanderbrechen, da nun die Kraft der Archantayas auch nicht mehr so groß war. Aber das Geschehen in Ägypten stellte einen vorläufigen Tiefpunkt für viele Archantayas dar. Ihre Verhaltensmuster hatten sich in der Zwischenzeit so tief in sie eingekerbt, daß sie sich von nun an verselbständigten, ohne daß sie etwas dagegen tun konnten.

In allen weiteren Inkarnationen agierten sie die Themen von Opfer oder Täter bis zum Exzeß aus. Die einen ließen sich immer und immer wieder niedermetzeln, und die anderen rissen Macht an sich und mißbrauchten sie. Die einen leugneten ihre Macht, die anderen sahen sie übersteigert. In beiden Fällen entstanden tiefe Wunden in ihnen, die in den einen aus einem Konglomerat aus Bitternis, Angst und Schwäche, in den anderen aus Schuldgefühlen, Wut und blinder Überheblichkeit bestanden. Diejenigen, die am meisten in diesem Spiel gefangen waren, waren quasi zu nichts Großem mehr fähig. Sie krochen im Laufe vieler Leben am Boden und fühlten sich letztendlich als der Abschaum der Gesellschaft. Sie durchlitten unendliche Qualen, was aber nicht bedeutete, daß nicht immer wieder einer von ihnen aus diesem Kreislauf ausbrach.

In all der Zeit gab es jedoch auch Gemeinschaften von Archantayas, die friedvoll zusammenlebten, arbeiteten und meditierten. Jede Kultur zog die Wesen an, die in Resonanz mit der dort vorherrschenden Energie waren. Während in einem Land große Vernichtung und Kriege wüteten, verwirklichte in einem anderen Land ein ganzes Volk hohe spirituelle Werte. Je nachdem, was das momentane Thema eines Menschen oder Archantayas war, verkörperte dieser sich in einem der Länder. Wollte ein Mensch erleben, wie es ist, blinde Zerstörungswut als Opfer oder Täter zu erleben, wurde er von einem entsprechenden Land angezogen, wollte er sich ganz spirituellen Werten hingeben, wurde er von einem anderen Land angezogen, in dem er diese Werte leben konnte.

Die meisten Archantayas unterschieden sich, nach der Zeit der ägyptischen Hochkultur, in keinem Punkt mehr von den Menschen. Es erschien wenigstens so, und doch war es etwas anders. Die einstigen Engel waren nun alles, was man sich vorstellen kann – Bettler, Mönch, Mörder, Dieb, Heiliger. Sie hatten keine gesonderte, hervorgehobene Stellung mehr. Natürlich waren einige von ihnen Könige und Herrscher, aber sie alle regierten nicht mehr zusammen die Erde. Jeder von ihnen machte seine Erfahrungen, was es bedeutet Dualität zu leben, zerrissen zu sein von Schmerz, sich einsam und verloren zu fühlen. Ja, sie fühlten sich einsam – zutiefst einsam. Immer hatten sie einen gewissen Abstand zu ihrer Umgebung und fühlten sich etwas anders und sehr oft auch unverstanden. Egal, ob Bettler oder König, sie hatten immer diesen gewissen Abstand zu allem und waren gleichzeitig doch zutiefst in ihrem Leid verloren. Aber selbst im größten Leid oder wenn es der letzte Moment vor dem Tod war, blitzten in ihnen Gedanken auf, die sagten: "Das ist nicht alles, es gibt da noch mehr." Sie alle waren in einer abwärts gerichteten Spirale gefangen, die ihren Tiefpunkt erreichen mußte, bei jedem von ihnen natürlich zu einem anderen Zeitpunkt und in einem anderen Ablauf. Diese abwärts gerichtete Spirale hatte das Erreichen von tiefster Unbewußtheit zum Ziel, aber wie schon gesagt, trotzdem blitzte in ihnen ab und zu der Gedanke auf: "Das kann doch nicht alles sein."

Mit großem Mitgefühl beobachteten Samos Kantar und die Agampa-Engel dieses Geschehen. Sie sandten beständig ihre Energie zur Erde und zu den Menschen. Kein Mensch, kein Archantaya ist in den Stunden größter Einsamkeit und größten Leids allein, obwohl er es so empfindet. Die Engel der siebten Entwicklungsstufe, die auf der ersten, zweiten oder dritten Engel-Entwicklungsstufe existieren, begleiteten treu ihre Brüder und Schwestern auf ihrem Weg in die tiefste Materie. Kein Mensch hätte das Leid ertragen, sie zu begleiten und zu beobachten, doch die Engel der siebten Entwicklungsstufe verstanden, welche Entwicklung vor sich ging, denn sie waren frei von schweren Gefühlen und von der Identifikation mit den dort ablaufenden Vorgängen. In Momenten, in denen ihre Schützlinge innerlich ruhig waren, konnten sie ihnen direkt ihre Energie übermitteln, die diesen Kraft und Mut gab, weiterzugehen.

Die Entwicklung der einstigen Bewußtseinsfunken ist also von Anbeginn ihres Daseins auf Erden unterstützt worden von einer Bewußtseinsebene, die ihr Engel nennt. Liebevoll beobachteten die Agampa-Engel die Menschen auf der Erde und sandten ihnen ihre Energie. Zusätzlich waren all die Jahrtausende hindurch die Archantayas präsent und förderten, wenigstens in den ersten Hochkulturen, das schlafende Potential der Menschen. Auch als die Archantayas ihr höchstes Bewußtsein durch das tiefere Eindringen in die Materie verloren hatten, waren sie die großen Vorbilder und Vorreiter für die Menschen gewesen und hatten ihnen so weitergeholfen. Sie waren immer eine Hilfe, selbst wenn es nicht so aussah. Im Laufe ihrer Anwesenheit auf Erden hatten sie alle nur möglichen Gefühle wie Freude und Glück, Trauer und Schmerz, Wut und Ärger, Hoffnung und Mutlosigkeit, eben alle Gefühle, die auch ein Mensch im Laufe seiner vielen Leben kennenlernt, durchlaufen. Keines hatten sie ausgelassen. Die ganze Spanne an Erfahrungen, die möglich ist, von einem Bettler bis zu einem Heiligen, wurde ausgelebt. Dadurch lernten sie das gesamte Spektrum der Möglichkeiten eines Daseins auf Erden kennen. Gleichzeitig waren sie, selbst in ihrem größten Leid, oft eine Unterstützung für die Menschen gewesen.

Die Archantayas haben große Unbewußtheit kennengelernt, obwohl sie es waren, die einst durch ihre hohen Fähigkeiten die großen Kulturen von Ur, Lemurien oder Atlantis gegründet hatten. Vor langer Zeit hatten sie in einer sehr hohen Entwicklungsebene existiert, die sie aus Liebe heraus verlassen hatten, um Wesen einer niedrigeren Ebene eine Unterstützung zu sein. Das Leid, das sie damals auf sich genommen haben, war für sie nicht absehbar gewesen. Nun in einem Körper auf der Erde, verweilend in Unbewußtheit nach vielen Inkarnationen in Bewußtheit, war dies für sie ein großer Schmerz, da in ihnen immer noch ein Schimmer von Erinnerung verweilte. Es war wirklich so, wie es ihnen die Meister der Ur-Sonne einst gesagt hatten, daß die Erinnerung sie nie ganz verlassen, daß ihr Potential immer in ihnen präsent sein würde. Stellt euch vor, liebe

Leser, ihr existiert als Bettler und in euch taucht immer wieder der Gedanke auf, und wenn es nur für den Bruchteil einer Zehntelsekunde ist, daß ihr viel mehr seid als Krankheit, Armut und Leid und doch seid ihr darin gefangen! Es ist viel leichter in einem Zustand von Schwäche zu verweilen, wenn man sich nicht über seine Möglichkeiten und Fähigkeiten bewußt ist.

Die Archantayas befanden sich also in einem sich nach unten drehenden Strudel immer größer werdender Unbewußtheit. Wie es aber bei einem Strudel so ist, wenn man sich ganz nach unten ziehen läßt, spuckt er einen wieder aus. Der Sog in die Unbewußtheit hinein war für sehr viele Archantayas auch wieder vorbei. Irgendwann ging es nicht mehr weiter! Irgendwann war es genug! Irgendwann ließ der Sog nach! Das geschah für jeden Archantaya zu einem ganz anderen Zeitpunkt, und für viele ist dieser auch noch nicht erreicht.

Aber für diejenigen, die die tiefste Stelle des Strudels, was natürlich eine Umschreibung eines bestimmten Bewußtseinszustandes ist, erreicht hatten, ging es von da an leichter und besser voran. Langsam stiegen sie von ihrem tiefen Kellerverlies auf in lichtere Bereiche des Daseins. Der Weg zurück zu Bewußtheit mußte nun gefunden werden, und viele taten dies mit großen Schritten.

Ein Erdenzyklus geht zu Ende

In jeder Hinsicht ist jetzt eine besondere Zeit für alles Leben auf der Erde. Ein Erdenzyklus geht zu Ende, ein neuer beginnt! Bei jedem Wechsel herrscht ein großes einströmendes kosmisches Energiepotential vor, das diesen Wandel bewerkstelligt. Phasen und Zyklen sind im Universum etwas ganz Selbstverständliches. Kommen und Gehen, Geborenwerden und Sterben, Auf und Ab – das ist der Pulsschlag des Lebens, das ist die Existenz von allem. Es ist das ewig Beständige, auf das ihr euch verlassen könnt.

Vor jedem neuen Zyklus vergeht und stirbt das Alte und das Gewohnte zerbricht. Verkrustete Strukturen werden zerstoben von einer neuen frischen Energie, die gewalttätig erscheinen könnte, so kraftvoll ist sie. Viele Möglichkeiten werden dadurch eröffnet. In der Übergangsphase von einem alten zu einem neuen Zyklus werden plötzlich viele Türen aufgeschlagen, die bisher fest verschlossen waren. Wie eine kräftige Windböe, die durch ein Haus bläst und den alten Staub wegfegt, kann alles im inneren gereinigt werden, läßt man es nur zu. Doch vielen Wesen auf der Erde fällt dieses Loslassen schwer, ja, viele wissen gar nicht, wie es gehen sollte, so sehr verharren sie im Festhalten alten Besitzes und alter Beziehungen.

Ein frischer kosmischer Wind weht nun zu der Stunde unserer Erzählung über die Erde hinweg, wirbelt Staub auf und bringt neue Energie. Die Erde schöpft daraus Kraft. Sie weiß, was geschieht und begrüßt die Veränderung mit großer Freude. Oft ist sie bereits durch solche Wandlungsphasen gegangen und jedesmal hat sich sehr viel in ihr und auf ihrer Oberfläche verändert. Seit der Zeit, als ihr die Engel der siebten Entwicklungsstufe bei ihrer Transformation zu einem Wachstumsplaneten geholfen hatten, ist sie sehr gereift. Vieles hat sie ertragen, was ihr ihre Kinder zugefügt haben. Geduldig hat sie alles hingenommen, so wie eine Mutter die Fehler ihrer Kinder verzeiht. Doch sie ist erschöpft und müde. Beständiger Zank und Streit ihrer Kinder untereinander haben sie traurig und bitter gemacht.

Noch funkelt der blaue Gefährte der Liebe im All, doch ob er weiter strahlen wird, hängt in den kommenden Jahrzehnten von den Entscheidungen seiner Kinder ab. Findet eine völlige Ausbeutung und Zerstörung der Erdoberfläche statt oder finden die Menschen zurück zu einem der Erde angemessenen Respekt? Dies ist von vielen Faktoren abhängig. Die frische Energie, der frische Wind geben dem blauen Gefährten der Liebe neue Kraft. Nun, meine lieben Leser, möchten wir euch darauf hinweisen, daß wir die Erde als eure Mutter sehen und daß sie im Universum als ein Gefährte beschrieben wird. Einerseits wird sie als weiblich und andererseits als männlich beschrieben. Ja, sie/er vereint beide Qualitäten in sich. Sie ist die Mutter, die euch ernährt und der Gefährte, der euch auf einem langen Weg begleitet. Einmal werden wir sie somit als weiblich, ein anderes Mal als männlich bezeichnen, denn sie/er ist beides.

In jeder Wandlungsphase waren bisher große Stürme über die Erde hinweggetobt und vieles hatte sich jedesmal auf ihr verändert. Für die Erde war das nie schmerzhaft gewesen, denn sie hatte die Veränderungen begrüßt, so wie sie es auch jetzt tut und diesmal sogar aus mehreren Gründen. Sie hofft, daß ihr diese Phase die Menschen wieder näherbringt und sie ihre Augen öffnen für das Leid, das sie ihr zufügen. Die Erde weiß, daß ein kritischer Zeitpunkt für die Menschen gekommen ist und daß für diese wichtige Entscheidungen anstehen.

Das Lernthema des jetzigen auslaufenden Erdenzyklus ist der Umgang mit Macht und es erscheint, als ob der Höhepunkt des Täter-Opfer-Spiels längst erreicht sein müßte. Doch wie einst in Atlantis spielen sich die eigentlich kritischen Phasen erst am Ende des Erdenzyklus ab. Wieder sind alle Vorkommnisse extrem. Überall auf der Erde herrschen Streitereien, Spannungen und Kriege. Machtkämpfe finden um die Vorherrschaft, nun aber über die gesamte Erde, über alle Länder der Erde, statt! Die Forschungen in der Medizin haben wieder längst die Grenzen der Würde des Menschen überschritten. Einige wenige Reiche üben Macht über die gesamte Bevölkerung aus. Das Opfer-Täter-Spiel findet unter den Menschen statt, und eigentlich haben sie sich darin längst ausgiebig geübt. Vieles liegt im argen, und eine Veränderung muß stattfinden. Das, was im globalen Rahmen unter den Menschen passiert, ist in vielerlei Hinsicht ungerecht und negativ.

Doch auf der anderen Seite geschehen auch wunderbare Dinge. In vielen Menschen zeigen sich Veränderungen. Viele sind unzufrieden mit den Gegebenheiten und öffnen sich für neue Möglichkeiten. Sie scheinen etwas gelernt zu haben!? Es ist in der Schwebe, ob global Einsicht geschieht und hängt von der Entscheidung jedes einzelnen Menschen ab. Doch der kosmische Wind flüstert beständig das Lied von Wandlung, Veränderung, Erneuerung und weht sanft über die Erde und die Menschen hinweg.

Wie ergeht es aber unseren geliebten Archantayas? Seit dem Untergang von Atlantis sind sie nun seit langem über den ganzen Erdball verteilt. In all den Jahrtausenden haben sie unzählige Inkarnationen in den unterschiedlichen Kulturen durchlaufen. Viele haben bereits das tiefe Tal der Unbewußtheit durchschritten. Seit Atlantis unterscheiden sie sich durch nichts mehr von den Menschen, die ebenfalls seit damals gereift sind. Viele von ihnen, die von Anbeginn auf der Erde weilten, haben sich bis zur höchstmöglichen Entwicklung vervollkommnet und die Erde bereits verlassen. Viele neue Bewußtseinsfunken sind hinzugekommen.

In allen Archantayas und Menschen werden durch die Strahlen der Erneuerung höhere Fähigkeiten angeregt. Doch es ist eine Zeit der Entscheidung. Wird diese Anregung angenommen oder nicht? Ist man bereit, Altes fallen zu lassen, um sich für neue nächste Schritte öffnen zu können und um ein höheres Potential zum Vorschein kommen zu lassen, oder beharrt man auf alte Täter- oder Opferpositionen? Beide, Opfer und Täter, halten ihre alten Rollen fest, auch wenn sie schmerzhaft sind. Die Opfer wollen ihre unterwürfige Position aus Angst vor Konfrontation behalten. Die Täter beharren aus Angst vor Kontrollverlust auf ihrer beherrschenden Rolle. Das sind die grundsätzlichen Schwierigkeiten der zwei Wesenstypen, die auch auf unsere Archantayas zutreffen. Die Strahlen der Erneuerung dringen tief in sie ein und berühren sie. Erinnerungen aus längst vergangenen glorreichen Zeiten werden in ihnen wach. Sehnsucht pocht in ihnen. Der Schmerz des Verlustes wird wieder übermächtig. Sie erinnern sich, auch wenn sie nicht wissen an was. Das klingt zwar paradox, ist es aber nicht. Sie erinnern sich an eine Erinnerung, an eine Sehnsucht, an eine Nebelwand, hinter der das Paradies lag. Viele von ihnen sind in ihren letzten Leben bewußter geworden, haben sich gereinigt von alten Verletzungen und sich vorbereitet auf die heutige Zeit. Es ist, als ob in ihnen eine vor langer Zeit gestellte

Uhr klingelt, damit sie aufwachen, sich den Schlaf aus den Augen reiben und aufstehen. Die Glocken des Erwachens läuten für sie von überall her. Nur wer will sie hören? Wer von ihnen ist bereit?

Für die Archantayas, die seit Anbeginn auf der Erde dienen, besteht nun die Möglichkeit, in Frieden diesen Dienst zu beenden. Es kommt nur darauf an, ob sie es wollen und ob sie bereit dazu sind, sich von ihren einst gewählten Rollen zu lösen. Das gleiche gilt für die Menschen. Beide sind in derselben Position. Es ist eine Zeit des Chaos durch das Zerbersten der alten Werte. Das Alte greift nicht mehr in dem Maße, wie es dies früher tat. Ihr könnt das bestimmt bestätigen. Ist es nicht so? Warum freut ihr euch nicht darüber? Warum laßt ihr das Alte nicht gehen? Versucht es einmal, laßt los, egal, was es ist – ein Gefühl, das euch quält, ein Gedanke, der euch schon lange behindert, eine Beziehung zu einem Menschen, die euch nicht gut tut. Probiert es aus und beginnt mit kleinen Schritten. Ihr müßt nichts überstürzen und übereilen.

Große Möglichkeiten stehen jedem offen, und Unterstützung fließt laufend von der Engelebene zu den Menschen, den Archantayas und zur Erde. Die Agampa-Engel senden, unter Aufsicht und gütiger Anleitung von Samos Kantar, ständig ihre Liebe zu ihren Schützlingen, stehen ihnen bei und helfen ihnen. In Zeiten wie diesen ist die Möglichkeit der Verständigung zwischen Engel und Mensch groß. Durch Chaos im außen wird sehr oft eine Tür im inneren geöffnet, durch die die Agampa-Engel eintreten können. Ist die Tür verschlossen, so können sie nicht viel für die Menschen tun, außer für sie da zu sein und geduldig auf eine Einladung zu warten. Durch die Liebe der Agampa-Engel wird auf der Erde sehr viel bewegt. Da wir in unserer Erzählung auf ihre

Rolle noch sehr wenig eingegangen sind, möchten wir dies hiermit tun. Sie sind eure Schutzengel, und sie begleiten euch viele Leben lang. Wenn ihr euch entwickelt und mutige innere Schritte macht, dann freuen sie sich darüber. Ebenso entsteht Freude in ihnen, wenn ihr euch für die Liebe öffnet. Wenn ihr beginnt, euch selbst zu lieben, dann quält ihr euch nicht mehr und akzeptiert euch so, wie ihr seid. Dadurch entsteht Entspannung, Ruhe und Zufriedenheit. Nur aus Ruhe heraus, werdet ihr fähig, das was euch umgibt, zu erfassen und damit meinen wir nicht nur andere Menschen oder Gegenstände, sondern auch all die feinstofflichen Ebenen und Wesen, wie die Naturwesen oder Engel. Ist ein Mensch nur minimal bereit, sich für diese Ebenen zu öffnen, so können die Engel für ihn Dinge bewegen und aus ihrer wartenden Position heraustreten und agieren. Voraussetzung ist aber ein reines offenes Herz des Menschen und nicht nur der Gedanke: "Mein Schutzengel soll das für mich tun" oder "Mein Schutzengel macht das schon für mich". Auf diese Art und Weise geschieht gar nichts.

Nur ein Mensch mit einer großen Demut erkennt die Zeichen und Taten seines Schutzengels. Er erkennt sie in Menschen, die zu ihm geführt werden oder zu denen er geführt wird. Er erkennt sie in einem Buch, das seine Aufmerksamkeit erregt oder in einer veränderten Atmosphäre. Die Geschenke der Agampa-Engel kommen immer, wenn ihr mit ihnen in Kontakt tretet. Aber ihr könnt nichts von ihnen fordern und ihnen nichts vormachen. Eine sogenannte Öffnung in euch als Mittel zum Zweck, nur um etwas zu bekommen, bewirkt nichts. Wahre Liebe ist die einzige Verbindungsmöglichkeit zwischen euch. Die Agampa-Engel brauchen eure Zustimmung in Form von Liebe, um für euch tätig werden und um euch aktiv unterstützen zu können. Natürlich sind sie immer für euch da und senden euch ihre Liebe, egal ob ihr sie ignoriert, haßt oder liebt. Aber sie können nur für euch aktiv werden, wenn ihr beginnt, zu lieben. Es ist nicht nötig für sie, daß ihr ihnen bewußt und offiziell eure Erlaubnis gebt, euch zu helfen. Immer wenn ihr beginnt, euer Herz zu öffnen, können sie euch erreichen. Sie erwarten von euch keine Dankbarkeit für ihre Unterstützung und Hilfe. Sie erwarten nichts von euch, denn sie sind erfüllt von ihrem eigenen Sein und ihrer Existenz, für die sie dankbar sind und die für sie mehr als genug ist. Übervoll mit Liebe verströmen sie diese verschwenderisch. Oft werden Schutzengel von euch mit menschlichen Eigenschaften dargestellt, wie z.B. daß sie traurig über euch sind, wenn ihr euch und anderen Schmerzhaftes zufügt. Das ist für sie jedoch nicht ganz so, da sie jenseits dieser Gefühlsebenen und Daseinszustände existieren. Auch wenn wir sagen, daß sie sich über eure Öffnung freuen, ist das nicht exakt ausgedrückt. Ja, sie freuen sich, wenn ihr beginnt zu lieben und doch bleibt alles in ihnen genauso erfüllt, wenn ihr es nicht tut.

Somit sind sie nicht abhängig von euch und eurer Entwicklung. Es kann vorkommen, daß ein Agampa-Engel einen Menschen schon viele Jahrtausende begleitet hat, ohne daß sich in diesem jemals eine Regung von Öffnung, Liebe oder Einsicht gezeigt und er sich kaum weiterentwickelt hat. Es ist aber möglich, daß dieser Agampa-Engel so hingebungsvoll gedient hat, daß er in eine nächsthöhere Entwicklungsstufe aufsteigt und ein anderer Agampa-Engel seinen Schützling ab diesem Zeitpunkt überwacht. Ebenso ist es möglich, daß durch das intensive Wachstum eines Menschen der Dienst eines Agampa-Engels in dem Maße gekrönt wird, daß er in die nächste Entwicklungsebene aufsteigt. Die Schutzengel sind somit nicht im negativen Sinne abhängig von euch. Es besteht aber zwischen euch doch eine Beziehung. Manchmal ist diese einseitig, wenn der Mensch die feinstoffliche Ebene ablehnt, manchmal ist sie gegenseitig. Auf alle Fälle ist die Liebe der Agampa-Engel für die Menschen bedingungslos. Sie erwarten oder fordern nichts von euch. Und doch entsteht jedesmal, wenn sich ein Mensch für seinen Schutzengel öffnet, ein kleines Energiehappening, da große Liebe und Freude freigesetzt wird und die Agampa-Engel in Aktion treten können. In diesen Jahren der Veränderung herrscht unter ihnen ein reges Treiben. Mehr und mehr Menschen erkennen, daß die rein materielle Ebene nicht alles ist und wenden sich höheren Ebenen zu. In ihnen brennt die Sehnsucht nach etwas Höherem. Neben der Liebe ist die Sehnsucht nach spiritueller Erfüllung ein weiterer möglicher Verbindungskanal zwischen Engel und Mensch.

Es ist das Zeitalter, in dem der Mensch ausgebrannt ist von der Jagd nach Reichtum und Macht. Er ist müde von der Schlacht um materielle Werte. Sein Inneres ist leer und sehnt sich nach Ruhe, Liebe und geistiger Erfüllung. Seine Gewohnheit treibt ihn aber immer wieder in den Kampf um das Materielle und lenkt ihn so von seiner Sehnsucht ab. Es ist eine Zerreißprobe für ihn! Gibt er seiner Sehnsucht oder seiner Gewohnheit nach? Viele Menschen stehen nun vor dem Punkt, an dem eine große Änderung in ihrem Leben möglich wäre. Ein Erdenzyklus geht schließlich seinem Ende entgegen. Das Thema dieses Zyklus ist oder sollte ausgereizt sein – Opfer und Täter, beide stehen vor einem neuen Schritt. Seit Atlantis ist auf dieser Erde immer und immer wieder das Spiel von Opfer und Täter gelebt worden, was sich in Raubzügen, Unterwerfung und Unterdrückung ganzer Volksgruppen und in ständig neuen Kriegen gezeigt hat. Die Archantayas sind hierbei mitten im Geschehen gewesen, haben alles miterlebt und selbst dieses Thema durchlebt. Sie sind Hexe und Henker, Bettler und Mönch, Leprakranker und Heiler, Untergebener und Staatschef gewesen. Ein neues Zeitalter kündigt sich an, und in jeder Beziehung ist es eine außergewöhnliche Zeit für alle Wesen auf der Erde und für die Erde selbst. Jeder steht vor der Entscheidung, wie er die einströmende Energie verarbeitet. Benutzt er sie, um alte Strukturen am Leben zu erhalten oder nutzt er sie, damit sich Neues bilden kann?

In vielen Archantayas pocht in diesen Tagen die Erinnerung, und die alten Schmerzen rühren sich in ihnen. Das ist die Chance für sie! Nun kommt es darauf an, ob diese Schmerzen weggeschoben und verdrängt werden, um zum Gewohnten zurückkehren zu können oder ob innegehalten und genau beobachtet wird, was diese Schmerzen erzählen. Das ist der entscheidende Punkt. Findet Verdrängung oder Öffnung statt? Begegnen sie ihrer Verletzung und dem einstigen Mißbrauch von Macht oder verdrängen sie diese Gefühle und Erinnerungen. Jeder hat die Wahl und steht an einem anderen Punkt. Der eine hat genug von dem ihm ewig erscheinenden Spiel eines Opfers oder Täters, der andere möchte damit weitermachen, entgegen aller Signale der heutigen Zeit. Ja, ein neues Zeitalter wird eingeläutet, doch was macht jeder daraus? Wie ist der Beitrag jedes einzelnen?

Ein Kapitel der Menschheit geht zu Ende. Insgesamt ist der Mensch nun an einem Punkt angelangt, an dem er seine Verantwortung, die er allem Leben gegenüber hat – und das beinhaltet sein eigenes, das aller anderen Wesen, das der Erde und des Kosmos – erkennen muß. Die Begleitung und Unterstützung der Agampa-Engel ist ihm hierbei weiterhin gewiß. Für die einst auf der Erde gebliebenen Archantayas ist ihre Mission beendet. Dies ist für sie jedoch inzwischen nicht mehr so einfach zu erkennen, denn die Gewohnheit an alten Schmerzen festzuhalten, hat viele im Griff. Aber überall auf der Erde rütteln einzelne Archantayas am Bewußtsein ihrer Brüder und Schwestern. Sie verströmen ihre Energie über die Erde, wie einst der Rat der Weisen und regen damit das Potential der anderen an. Es ist die Entscheidung jedes einzelnen Archantayas, ob er erwachen und gehen will, oder nicht.

Die Menschheit ist nun an dem Punkt angelangt, ganz die Verantwortung für sich zu übernehmen und die Erde zu regieren. Liebe Leser, ihr seid vielleicht gespannt darauf zu erfahren, was das Thema der Menschen im kommenden Erdenzyklus ist. Einige von euch werden es bereits erahnen – es ist die Liebe. Nur mit Liebe kann die Menschheit weiterexistieren, ohne sie wird sie sich selbst vernichten, so hart es für uns ist, dies auszusprechen. Nur die Liebe kann das vernichtende Spiel von Opfer und Täter, das im Moment auf der Erde stattfindet, auflösen. Ihr seht, es stehen große Entscheidungen an – Vernichtung oder Neubeginn. Die Archantayas haben hierbei eine große, eine bedeutende Rolle zu spielen, und für viele von ihnen wird es die letzte sein!

Der Untergang von Atlantis ist nicht umsonst gewesen, sondern kann für das jetzige Geschehen eine Warnung, ein Zeichen sein, das vonnöten ist! In allen Archantayas, die heute noch auf der Erde weilen, und in vielen Menschen ist das damalige Geschehen in ihrem inneren gespeichert.

Viele haben ein Déjà-vu-Erlebnis – sie haben das Gefühl, alles, was gerade geschieht, schon einmal erlebt zu haben. Die innere Speicherung des ganzen Dramas von Gut und Böse der vergangenen Jahrtausende, läßt nun viele am Höhepunkt dieses Zyklus die Zeichen der Zeit erkennen. Die

Erinnerung, alles schon einmal auf ähnliche Weise erlebt zu haben, entschärft die Situation an einem Punkt, an dem dies dringend notwendig ist.

In den Archantayas und den Menschen klingelt eine innere Uhr. Bewußt oder unbewußt, besser ausgedrückt, es sich eingestehend oder nicht, haben sie das Gefühl einer immer wiederkehrenden Wiederholung derselben Themen. Dies läßt sie innehalten und nach neuen Wegen und Lösungsmöglichkeiten, die aus der Wiederholung herausführen, suchen. Die Erinnerung an das Geschehen in Atlantis hilft also zum jetzigen Zeitpunkt und es erscheint, als ob damals alles so geschehen ist, damit jetzt noch Schlimmeres vermieden werden kann. Während jeder Zeitenwende vollziehen sich große innere Umwandlungen im Menschen. Entwicklung geht immer vorwärts, sonst ist es keine Entwicklung, sondern Rückschritt. Die Menschheit ist jetzt an einem entscheidenden Punkt. Wir wiederholen dies, obwohl wir es schon so oft gesagt haben. Sie hat die ersten Schritte erfolgreich vollzogen, und nun steht sie vor dem nächsten – öffnet sie ihr Herz? Entscheidet sie sich bewußt, ein Leben zu führen, in dem sie der Liebe einen Platz einräumt? Das ist das kommende Thema der Menschheit und eine große Lernaufgabe! Aber der Mensch ist im Laufe der Erdenzyklen gereift, und er ist stark und fähig genug, sich ihr zu stellen, wenn er nur will!

Für die Archantayas endet mit diesem Erdenzyklus die Verantwortung, die sie für die Menschen und die Erde einst auf sich genommen haben. Ihr Dienst ist mit dem Entwicklungsstand, den die Menschen nun erreicht haben, beendet. Dies erscheint absurd, denn der Mensch kann jede Minute vor seiner eigenen Vernichtung durch alle möglichen Arten von modernen Waffen stehen. Der Entwicklungsstand der

Menschen sagt jedoch nichts darüber aus, ob sie dem Leben positiv gegenüberstehen oder nicht. Die Menschheit hat insgesamt eine gewisse innere Reife erreicht und könnte alles, was im Moment menschenfeindlich ist, ändern, wenn sie es nur wollte und sich darum bemühen würde. Das ist der entscheidende Punkt!

Die Archantayas können durch die Erinnerung, die in ihnen momentan pocht, erkennen, wer sie sind und welche Rolle sie immer gespielt haben. Es ist nun leicht für sie, aus dem Spiel von Gut und Böse herauszutreten, wodurch alle inneren Wunden heilen können. Mit Unterstützung der einströmenden kosmischen Energie ist es für sie möglich, die Nebelschleier des Vergessens zu lüften und die Stimmen des Rats der Weisen und der Meister der Ur-Sonne zu hören, die rufen:

Geliebte Kinder,
nun ist die Zeit
des Erwachens angebrochen.
In Frieden könnt ihr
jetzt alles zu Ende bringen,
um heimzukehren
in euer ursprüngliches Dasein.
Wir helfen euch
mit unserer ganzen Liebe,
denn diesen Schwur haben
wir euch einst gegeben.

Jeder Archantaya, der diese Worte vernimmt, wird erschüttert sein von der Güte und der Größe dieser himmlischen Wesen und von ihrer Unterstützung, die ihm für seine innere Vollendung zur Verfügung steht. Vor ihrem inneren

Auge können sich nun einzelne Ereignisse und Begebenheiten zu einem großen Bild, das in allen Farben des Lebens schimmert, zusammenfügen. Ja, aus Liebe heraus waren sie einst auf die Erde gekommen. Liebe wird nun ihr letztes Geschenk sein, an einem Punkt, an dem die Menschheit selbst vor dem entscheidenden Schritt steht, zu lieben und die ganze Verantwortung für sich und die Erde zu übernehmen.

Die Archantayas werden nun Schritt für Schritt aus ihrer einstigen Verantwortung, die Menschen zu unterstützen, bis sie ein bestimmtes Entwicklungsstadium erreicht haben, entlassen. Nun können sie nichts mehr tun, sie müssen es bloß erkennen. Aber nur wenn sie selbst loslassen von ihrem alten Schmerz, den der Kampf von Gut und Böse in sie eingekerbt hat, werden sie dies erkennen können. Wenn nicht, werden sie in der Illusion von Verantwortung, Schuld und Schmerz steckenbleiben und sich weiter im Kreise drehen. Die Glocken des Erwachens läuten für sie, aber es kommt darauf an, ob sie diese hören wollen oder nicht.

Ihr seht, liebe Leser, jedes bewußte Wesen auf der Erde, egal ob Mensch oder Archantaya, ist im Moment vor eine Wahl gestellt. Die Strahlen der Erneuerung, die einströmende starke kosmische Energie rüttelt an jedem in gleichem Maße und stellt jeden vor eine Entscheidung, die heißt: "Was will ich und was will ich nicht." Der Mensch muß sich überlegen, ob und wie er auf diesem Planeten weiterleben will, denn davon hängt es ab, welche Zustände künftig auf ihm herrschen werden. Der Mensch hat nun ganz die Verantwortung für das Leben auf der Erde und ist reif, sie voll und ganz zu übernehmen.

Es ist ein großer Moment in der Geschichte der Erde. Die Archantayas übergeben ihre Verantwortung für das Wachstum des Bewußtseins in die Hände der Menschen, die von nun an selbständig und verantwortungsvoll die Erde bewohnen sollen und können. Die Meister der Ur-Sonne rufen die Archantayas zurück, als eine Unterstützung, damit die Erinnerung an ihr ursprüngliches Dasein ausgelöst wird. Es ist für die Archantayas eine schwierige Aufgabe, sich einzugestehen, wer sie sind und vollkommen dazu zu stehen. Noch einmal werden sie all die kritischen Augenblicke durchlaufen, in denen sie entscheiden müssen, ob sie wieder zurückfallen in alte Verhaltensmuster von Schwäche oder Überheblichkeit, von Hoffnungslosigkeit oder Manipulation. Viele Prüfungen werden sie durchstehen müssen, die zeigen werden, ob sie noch verhaftet sind im Opfer-Täter-Spiel oder ob sie aus diesem zerstörerischen Kreislauf herausgetreten sind. Ist nur noch ein Funke von einstiger Schwäche oder Überheblichkeit in ihnen, wird dieser verhindern, daß sie ganz verschmelzen können mit ihrem ursprünglichen Bewußtsein.

Oh, unsere Archantayas sind in einer kritischen Phase! Vieles steht für sie auf dem Spiel. So viele Gelegenheiten warten auf sie, die dazu beitragen können, in alten Gewohnheiten zu verharren. Es ist schwierig und gefährlich, zu seiner Macht zu erwachen, ohne daß diese zu eigennützigen Zwecken eingesetzt wird. Für einen Archantaya ist es schwer zu erkennen, wer er ist, ohne überheblich zu werden. Geschieht dies und verfällt er dem Blendwerk des Egos, steht für ihn ein weiterer langer Weg an, und er wird wieder gefangen sein im Spiel von Gut und Böse. Manchmal wird es für sie sogar aussichtslos erscheinen, den alten Kreislauf zu verlassen, und die Nebelschleier werden wieder vor ihre Augen niederfallen, undurchdringlich wie eine Betonwand. Das aber sind die Prüfungen, die sie durchlaufen müssen, damit sie vollkommen erkennen, was sie wirklich wollen.

Werden sie sich entscheiden, im alten Kreislauf zu verharren oder werden sie den Mut finden, sich ihrem Inneren zu stellen? Werden sie den Weg des Erwachens gehen und im Augenblick ihrer Vollendung den Menschen die Kraft und den Mut geben, den Weg der Liebe zu beschreiten?

Die Archantayas müssen nicht mehr die Last der Verantwortung für die Menschen in sich tragen, und doch werden sie ihnen sehr viel geben, wenn sie nun ihre ganze Energie auf ihre eigene Vollendung richten. Denn gerade das braucht die Erde und die Menschheit – Wesen, egal ob Archantaya oder Mensch, die sich ganz ihrer inneren Vollendung widmen, denn dadurch wird ein positiver Pol zu vorhandener Negativität gesetzt. Jedes Einzelwesen, das sich von seinen alten Beschränkungen zu lösen beginnt, setzt positive Energie in die Atmosphäre der Erde frei. Bei jeder Vollendung wird ein Schwall von heller lichtvoller Energie, die sich in der Atmosphäre der Erde verankert, freigesetzt. Diese Energie steht dann für alle anderen zur Verfügung. Glaubt nicht, daß etwas an Energie verloren gehen könnte. Erwachen zur gleichen Zeit viele Wesen auf der Erde, geschieht eine Explosion von Energie, ähnlich wie bei einer Atomexplosion, nur diesmal im positiven, im lichtvollen Sinne. Dies hilft all den anderen bei ihren nächsten Lernschritten. Somit ist die Hinwendung jedes einzelnen Wesens an sein Inneres immer eine große Hilfe für alle anderen – ja, es ist die größte Hilfe, die möglich ist, denn etwas Positives, Helles, Lichtvolles wird dadurch auch in ihnen in Gang gesetzt. Voraussetzung dafür ist allerdings, daß in ihnen eine gewisse Offenheit vorhanden ist.

Liebe Leser, wir sind fast am Ende unserer Erzählung angekommen. Lange beschäftigten wir uns mit den Ereignissen in der Vergangenheit, denn sie sind wichtig, um das Geschehen im Jetzt zu verstehen. Wie es in der Zukunft aussehen wird, wird im Jetzt durch die anstehenden Entscheidungen festgelegt. Noch ist alles offen, noch müssen viele Entscheidungen fallen!

Zurück im Engelreich

Wir haben unsere Erzählung im Engelreich begonnen und wollen sie auch dort beenden. Seitdem die Mitglieder des einstigen Rats der Weisen wieder in der siebten Engel-Entwicklungsstufe weilen, haben sie bereits viele ihrer Freunde, die dorthin zurückgekehrt sind, empfangen. Sie halten weiterhin ihr Versprechen und warten auf die anderen einstigen Weggefährten, die noch auf der Erde leben. Es ist viel Zeit vergangen seit der Rat der Weisen die Erde verlassen hat, doch im Engelreich existiert nur das Sein im Jetzt. All die anderen Engel der siebten Entwicklungsstufe aus dem Quadranten Barilius, die einst bei der Vorbereitung der Erde mitgeholfen hatten, sich dann aber für ein weiteres Dasein auf der Engelebene entschieden hatten, haben seitdem viele Aufgaben und Prüfungen bestanden, und einige von ihnen haben sich bereits für die nächste Engelebene qualifiziert. Entwicklung findet also ständig statt, egal ob auf der physischen Ebene auf dem Planeten Erde oder auf der Engelebene. Der Rat der Weisen beobachtet das Geschehen auf der Erde genau. Er sieht das Ringen der Archantayas um Erkenntnis und Erwachen und unterstützt viele von ihnen bei diesem Bemühen.

Für andere Archantayas ist Samos Kantar eine große Hilfe, um die physische Ebene ganz verstehen und lieben zu lernen. In vielen Archantayas ist im Laufe der Jahrtausende ein Nein gegenüber der Existenz in einem physischen Körper und gegen alle irdischen Freuden entstanden. Für alle, die sich nun dafür öffnen, diese alten Verstrickungen und Wunden im Bereich der Physis zu erkennen, kann Samos Kantar wie ein heilender Balsam wirken. Seine Liebe regt die Eigenliebe der Archantayas, die ihre Wunden schließen läßt, an. Und auch die Archantayas, die noch auf der ersten, zweiten und dritten Engel-Entwicklungsstufe existieren, verströmen ihre Unterstützung und Liebe an ihre Brüder und Schwestern auf der Erde. Im Laufe der Jahrtausende hat es sich ergeben, daß sie nicht nur als Begleiter für ihre Freunde dienen, sondern auch für viele in ihrer Entwicklung fortgeschrittene Menschen.

Die Agampa-Engel verwirklichen sich nach wie vor durch die Aufgabe, den Menschen eine Unterstützung zu sein und ihre Energie an diese und an die Erde zu senden. Alles im Engelreich geht also seinen harmonischen Gang, wie all die Erdenjahrtausende zuvor. Und doch ist jetzt auch für die Agampa-Engel eine herausragende Zeit, da sie durch die Besonderheit des Moments die Menschen mehr erreichen, mit einigen sogar direkt kommunizieren können. Welch eine Freude ist das für sie, wenn sie erleben, wie ihre Worte und ihre Energie durch Menschen auf der physischen Ebene verwirklicht werden. Sie sehen die Bemühungen vieler Menschen, ihnen näherkommen zu wollen. Sie sehen die Sehnsucht vieler Menschen nach Entfaltung und Vervollkommnung, und sie werden alles ihnen mögliche tun, um ihre Schützlinge dabei zu unterstützen.

Für alle Engel, die in Kontakt mit der Erde, den Menschen und den Archantayas stehen, ist es vollkommen klar, welch ein großer bedeutender Moment jetzt ist. Sie alle wissen, daß nun die Menschen erwachsen geworden und in die Phase eingetreten sind, in der sie selbst Verantwortung für ihr Leben und das ihrer Mitbewohner auf dem Planeten Erde tragen. Es ist im übertragenen Sinne der Moment, in dem bei euch eure großgewordenen Kinder ihr Elternhaus verlassen, um selbständig ihr Leben in die Hand zu nehmen.

Weiterhin werden die Agampa-Engel sie liebevoll begleiten und für sie da sein. Wenn die Menschen den nächsten Entwicklungsschritt hin zur Liebe vollziehen, werden die Engel sogar noch mehr in ihr Leben treten können. Es ist ein wahrlich großer Moment für die Erde und die Menschen!

Die Hauptpersonen unserer Geschichte waren die Archantayas. Diejenigen von ihnen, die noch auf der Erde weilen, werden freudig erwartet von ihren Weggefährten in der siebten Engel-Entwicklungsstufe, egal wann sie sich erinnern und zurückkehren werden. Doch im Moment werden sie gerufen, da die besondere Situation dies erlaubt! Alle, die die Last des Schmerzes und der Verantwortung von ihren Schultern streifen und sich erneuern, werden die Stimme der Meister der Ur-Sonne hören:

Geliebte Kinder,
eure Aufgabe neigt sich
dem Ende entgegen.
Wir haben einst versprochen,
euch zu erinnern,
um euch den Übergang
von der Physis zu eurem
wahren Dasein zu erleichtern.

Es ist soweit!
Wir rufen euch!
Wir erinnern euch!

Nun könnt ihr entscheiden,
ob ihr euch an euren wahren
Ursprung erinnern und

dorthin zurückkehren wollt
oder ob ihr weiter
im Kreislauf der physischen
Leben verweilen wollt.
Die Entscheidung steht euch frei,
so wie sie es
einst vor langer Zeit war.
Wie die Entscheidung
auch ausfällt,
nichts kann unsere Liebe
für euch ändern.
Ihr seid unsere geliebten Kinder,
die sich aus Liebe heraus für
diesen Dienst
auf der Erde entschieden haben.

Dies war ein Liebesdienst,
aber gleichzeitig auch
eine Prüfung für euch.
Ihr, die ihr uns hört,
habt alle Phasen durchlaufen,
die wir euch vorausgesagt haben.
Ausgehend von eurem
vollen Engelbewußtsein
habt ihr euch mit allen
niedrigeren Bewußtseinsebenen
verbunden, die nötig waren,
um als Mensch auf der Erde
erscheinen zu können.
Die erste große Phase wurde
erfolgreich von allen bestanden.

Als nächstes seid ihr
in den Kreislauf
wiederkehrender Leben eingestiegen.
Dies war nicht leicht
und oft sehr schmerzhaft gewesen,
denn damit war
ein großer Verlust verbunden.
Dieser Verlust bewirkte,
daß ihr euch immer
abgetrennter von euch selbst und
euren Brüdern und Schwestern
gefühlt habt.
Gleichzeitig hattet ihr einen Dienst
an der Menschheit zu erfüllen,
der bestimmten Regeln
unterworfen war.
Ihr habt eure Dienste
nur anbieten und
nie aufdrängen dürfen.

Viele haben dies vergessen
und sind dadurch noch tiefer
in den Kreislauf von Leben
und Tod eingestiegen.
Und es wird dauern,
bis sie aus dieser
Spirale von Kummer
und Schmerz auftauchen können.
Ihre Verstrickung ist so groß,
daß sie unsere Stimme
nicht hören können.

Aber ihr, die uns vernehmt,
steht nun vor einem Schritt,
der der letzte im physischen
Körper sein kann.
Für euch kann dieser Liebesdienst
und diese Prüfung
nun dem Ende entgegengehen!

Erinnert euch ganz und vollkommen.
Streift die Kleider der Verstrickung ab,
und laßt euer wahres Sein
emporsteigen zu den Sternen.

Geliebte Archantayas dieser Erde,
vereint euch im Geiste und
laßt ein Band aus Licht entstehen,
das diesen Planeten umhüllen wird.
Der Augenblick eurer Vollendung
wird euer letzter Dienst
für die Menschheit sein,
denn dadurch erzeugt ihr
eine strahlende kraftvolle Energie,
die allen um euch herum
beim nächsten Entwicklungsschritt
weiterhelfen wird!

Im Augenblick eurer Vollendung
wird die Energie freigesetzt werden,
mit der ihr einst ganz verbunden ward,
als ihr auf Erden erschienen seid.
Alles wird sich dann klar vor
eurem inneren Auge zusammensetzen:

Die Ankunft auf Erden,
die vielen Leben und
das Wiedererinnern.
In Frieden werdet ihr
dieses Leben auf der Erde
im Bewußtsein der Erinnerung
und der Verwirklichung
zu Ende leben können,
und was immer von
euch gebraucht wird,
werdet ihr geben können.

So wie ihr einst in
Schritten auf die Erde gekommen seid,
werdet ihr dann zu
euren Freunden zurückkehren können,
die euch geduldig erwarten.

Eure nächste Prüfung ist also,
die Kleider der Verstrickung
von euren Schultern abzustreifen.
Befreit euch von der Last
des Egos und
kehrt ganz zurück zum
Dienst am Großen-Ganzen.

Wir erwarten euch.
Wir lieben euch.

Diese Worte sprechen die Meister der Ur-Sonne jeden Tag, jede Stunde, jede Sekunde zu den Archantayas, die hören können, und jeder von ihnen, der sie vernimmt, ist tief gerührt von der Liebe und dem großen Verständnis, das ihnen entgegengebracht wird. Jeder von ihnen hört die Stimme andere Worte sagen, je nachdem wie sein Gehirn die Botschaft umwandelt. Aber die Botschaft ist immer die gleiche und lautet: "Wacht auf! Erinnert euch!" Die Unterstützung für jeden einzelnen Archantaya ist unendlich groß.

Viele Archantayas sind bereits im Kreise ihrer Freunde angelangt. Viele von ihnen werden dort bald ankommen, und andere werden noch einige Zeit auf Erden verweilen. Die Reise war und ist für jeden völlig verschieden. Die einen haben bereits ihre Aufgaben erfüllt, die anderen werden sie noch erfüllen und einst, ja einst, werden sie alle wieder vereint sein in einem Bewußtsein voller Freude, voller Licht, das ihnen allen gemeinsam ist.

Wir verabschieden uns von euch, liebe Leser und hoffen, daß die Geschichte der Archantayas und all der anderen Engel eine Bereicherung für euer Bewußtsein ist. Bewußtsein strebt nach ständiger Erweiterung und Ausdehnung. Das Bewußtsein eines Menschen strebt beständig dem Bewußtsein eines Engels entgegen, auch wenn es oft und lange nicht so aussieht. Doch alles trägt in sich den göttlichen Funken, den göttlichen Samen unserer aller gemeinsamen Mutter. Egal ob Pflanze, Tier, Mensch oder Engel – alles ist ein Teil des Großen-Ganzen und ist einst der gleichen göttlichen Quelle entsprungen.

Wir beenden unsere Geschichte voller Dank darüber, daß ihr uns so lange zugehört habt und verabschieden uns von euch im Geiste der Verbundenheit mit der uns allen gemeinsamen Quelle.

Bücher von Regine Zopf im Weltenhüter Verlag:

Die Strahlen der Erneuerung, Eine Umwandlungsphase für Erde und Mensch, 182 Seiten, ISBN 3-929681-08-0

Das Unsichtbare wird sichtbar, **Die Chakren** und ihre Bedeutung für den heutigen Menschen, 190 Seiten, mit Farbabbildungen, ISBN 3-929681-00-5

Das Unsichtbare wird sichtbar, **Die Energiekörper** des heutigen Menschen, 185 Seiten, ISBN 3-929681-01-3

Reiki, Ein Weg sich selbst zu vervollkommnen, 117 Seiten, ISBN 3-929681-09-9